Eduard v. Möller.

Oberpräsident
Eduard von Möller
und die Elsaß-Lothringische Verfassungsfrage

Mit einem Bilde E. von Möllers
und dem Faksimile eines Briefes Kaiser Wilhelm I.

von

G. Wolfram

Walter de Gruyter & Co.
vormals G. J. Göschen'sche Verlagshandlung · J. Guttentag, Verlagsbuchhandlung · Georg Reimer · Karl J. Trübner · Veit & Comp.
Berlin und Leipzig 1925

Oberpräsident Eduard von Möller und die Elsaß-Lothringische Verfassungsfrage.

Der Oberpräsident von Elsaß-Lothringen, Eduard von Möller, hat bisher noch keinen Biographen gefunden. Die kleine Skizze von A. Schricker „Eduard von Möller, Oberpräsident von Elsaß-Lothringen, ein Lebensbild", die 1881 erschien, will diesen Anspruch nicht erheben. Sie ist lediglich ein freundschaftlicher Nachruf, der dem eben Verstorbenen gewidmet wurde. Auch Althoffs warm empfundene, auf langer persönlicher Mitarbeit und Freundschaft beruhende Worte in der Augsburger Allgemeinen Zeitung vom 9. Oktober 1879 haben den gleichen Charakter. In den neueren Werken über die Geschichte Elsaß-Lothringens von Spahn und Stählin konnte Möllers Persönlichkeit und Tätigkeit der Anlage der Bücher entsprechend nur verhältnismäßig kurz behandelt werden. Auch die nachfolgenden Ausführungen haben es sich nicht zum Ziele gesetzt, eine erschöpfende Lebensgeschichte Möllers zu geben. Einmal würde das den Rahmen einer Zeitschrift [1]) überschreiten, dann aber stehen, auch wenn sich die Behandlung auf die reichsländische Zeit Möllers beschränkt, dem große Schwierigkeiten gegenüber. Das Aktenmaterial liegt zum größten Teile in Straßburg und ist für uns damit unerreichbar. Wir sind für die amtliche Tätigkeit deshalb lediglich auf die Verordnungs- und Gesetzblätter angewiesen, aus denen wohl vollendete Tatsachen entgegentreten, nicht aber der persönliche Anteil, den Möller an all diesen großen Arbeiten gehabt hat, erschlossen werden kann. Vor allem ist daraus auch nicht zu ersehen, was davon auf die Initiative und das Konto der Elsaß-Lothringischen Abteilung in Berlin und was auf das der Straßburger Verwaltung zu setzen ist. Um so dankbarer bin ich, daß mir von dem verstorbenen Straßburger Bürgermeister und Kurator der Universität Exzellenz Back im Einverständnis mit der Nichte von Möllers, Frau Geheimrat von Friedberg, eine zur

---

[1]) Die Abhandlung war ursprünglich für das Elsaß-Lothr. Jahrb., Bd. IV, bestimmt und erschien als Sonderabdruck vor Ausgabe des Zeitschriftenbandes in einer kleineren Zahl von Exemplaren als Festschrift des Elsaß-Lothr. Instituts zum deutschen Historikertag 1924. Auf besonderen Wunsch wird sie jetzt statt im Jahrbuch als Sonderschrift einem weiteren Leserkreis vorgelegt.

Beurteilung des Oberpräsidenten hochwichtige, fast ununterbrochene Reihe von Briefen, besonders aus den Jahren 1871 bis 1873, zur Verfügung gestellt wurde, die Möller Woche für Woche an eine befreundete Casseler Familie gerichtet hat. Wenn in dieser Korrespondenz, die gewissermaßen ein Tagebuch bildet, auch das Politische stark zurücktritt, so gibt sie uns doch ein lebendiges Bild des Briefschreibers; sie unterrichtet uns insbesondere über die Art, wie er seine Aufgabe betrachtete und über sein, das gewöhnliche Maß eines Verwaltungsbeamten weit überschreitendes wirklich innerliches Interesse für Wissenschaft und Kunst. Bei aller politischen Zurückhaltung klingt doch alles, was ihn bewegt, in diesen Zeilen wieder, und so geben sie uns die Möglichkeit, gar manches zu kontrollieren und zu korrigieren, wovon wir bisher nur mangelhaft oder lediglich aus den naturgemäß einseitig eingestellten Berichten seiner Gegner Kenntnis hatten. Auch eine Niederschrift Möllers aus dem Jahre 1879: „Wie Fürst Bismarck sich an mir geärgert hat", konnte ich einsehen.[1]) Sie ist freilich ein sehr persönliches, in der Erbitterung gegen Bismarck niedergeschriebenes Memorandum, das sich zu einer Veröffentlichung nicht eignet; immerhin konnten aber manche Tatsachen daraus zur Vervollständigung der sonstigen Quellen benutzt werden.

An handschriftlichem Material standen mir noch die Aufzeichnungen des Ministerialrats du Prel, der zu Möllers Zeit Pressedezernent im Straßburger Ministerium und Möllers persönlicher Mitarbeiter war, zur Verfügung. Seine Erben hatten mir auf meine Bitte diese wertvollen Blätter für die Straßburger Bibliothek überlassen, wo sie geblieben sind; ich besitze aber Auszüge aus diesen Papieren. Aus dem gleichen Nachlaß sind an die Bibliothek aber auch bedeutsame Korrekturbogen gekommen, die handschriftlichen Wert haben. Du Prel hatte in Möllers Auftrag 1879 eine Denkschrift über „Die deutsche Verwaltung in Elsaß-Lothringen 1870—1879" ausgearbeitet, von der nach Möllers Sturz eine erste Lieferung bei Karl J. Trübner erschienen war. Der Statthalter Freiherr von Manteuffel hat aus Gründen, an denen seine persönliche Eitelkeit wohl nicht unbeteiligt war, diese Schrift unterdrückt und auch die Korrekturen, sowie die Fortsetzung des Manuskripts von du Prel eingefordert. Ein Exemplar der ersten Lieferung und der Fahnen, die 120 Druckseiten umfassen, war indessen in der Druckerei geblieben, wurde später an du Prel gegeben und mit dem handschrift-

---

[1]) Im folgenden zitiert als „Denkschrift"

lichen Nachlaß Eigentum der Straßburger Bibliothek. Auch daraus habe ich mir rechtzeitig Auszüge angefertigt.

Neben diesen handschriftlichen oder einem Manuskript an Wert gleichstehenden Aufzeichnungen erhalten wir über Möllers Persönlichkeit, seine Amtsführung und seinen Konflikt mit Bismarck noch Aufschluß aus Veröffentlichungen einiger Zeitgenossen. Graf Eckbrecht Dürckheim-Montmartin spricht in seinen „Erinnerungen eines elsässischen Patrioten" wiederholt auch über Möller und seine Tätigkeit. Auch die „Erinnerungen eines preußischen Beamten" des zunächst Straßburger, dann Colmarer Bezirkspräsidenten Ernst von Ernsthausen beschäftigen sich viel mit Möllers Persönlichkeit, und man wird der Objektivität seines Urteils um so mehr Wert beimessen dürfen, als Ernsthausen sich durch Möller bei der Ernennung zum Oberpräsidenten übergangen sah und auch später in seinen Erwartungen getäuscht zu sein glaubte. Sehr wichtig sind sodann die Memoiren von August Schneegans, der bei der Entwicklung der elsässischen Verfassungsfrage zu Möllers Zeit eine bedeutende Rolle gespielt hat. Da Schneegans vom ersten Tage seines Auftretens an sachlich und persönlich der Gegner Möllers gewesen ist, so bedarf es bei der Benutzung seines Buches der größten Vorsicht. Bei entsprechender Kritik ist des weiteren auch die politische Tagesliteratur der Möllerschen Zeit eine ergiebige Quelle. Deutschland war dem Elsaß gegenüber noch nicht so gleichgültig wie seit den neunziger Jahren, und gar viele Berufene, freilich aber auch noch mehr Unberufene, griffen zur Feder, um über das neue Reichsland zu berichten und zu zeigen, wie vieles bisher in den Regierungsmaßnahmen verfehlt war und wie man es nach ihrer Meinung anfangen müsse, um in kürzester Zeit das Land zum nationalsten deutschen Staate zu machen. Auf Möller selbst gehen zwei Flugschriften zurück, die seine Auffassung über die Gestaltung der Elsaß-Lothringischen Verfassung vertreten. Sie sind beide anonym erschienen, wie ich aber aus du Prels Aufzeichnungen weiß, von diesem in Möllers Auftrage geschrieben. Die erste Broschüre unter dem Titel „Elsaß-Lothringen, seine Vergangenheit, seine Zukunft" erschien im Oktober 1876 in erster und ein Jahr später in zweiter Auflage. Mit der zweiten Flugschrift „Elsaß-Lothringen als kaiserliches Kronland" versuchte Möller 1878 die öffentliche Meinung für das neue Projekt des Kronprinzenlandes zu gewinnen.

Das Reichsland Elsaß-Lothringen ist in seiner staatsrechtlichen Erscheinung ein Verlegenheitsprodukt, das zunächst als Provisorium geschaffen wurde, um erst später nach dem Friedensschlusse allmählich eine endgültige staatliche Form zu erhalten.

Bereits im August 1870, nach den Siegen von Metz, war bei Bismarck der Plan gereift, aus Elsaß und aus Teilen des Mosel- und Meurthedepartements einen Gemeinbesitz der deutschen Staaten, ein Reichsland, zu schaffen. Die öffentliche Meinung, die über die Notwendigkeit der Annexion von Elsaß-Lothringen mit Bismarck einig war, ging freilich, da sie über die internen politischen Vorgänge zwischen den deutschen Bundesstaaten, die Bismarck zu seiner Stellungnahme bestimmten, nicht unterrichtet sein konnte, über die zukünftige staatsrechtliche Gestaltung des Landes stark auseinander. Während in Preußen kleinere Kreise in einer mehr edelmütigen als klugen Gefühlspolitik zu der Meinung kamen, Elsaß-Lothringen müsse Süddeutschland zufallen, waren hervorragende Politiker, die etwas realer dachten, der Ansicht, nur durch den Anschluß an Preußen könne den neu gewonnenen Landesteilen und ebenso dem zukünftigen deutschen Reiche eine gesicherte Zukunft erwachsen. Sie begegneten sich in dieser Auffassung mit Baden und Württemberg, wo man die gleiche Anschauung vertrat. Bestimmend war hier wohl gleichzeitig die Kenntnis der Wünsche Bayerns, das, wie es scheint, so nachdrücklich mit dem Anspruch auf Gebietserweiterung hervorgetreten war, daß Bismarck sich nicht abgeneigt gezeigt hatte, ihm den Kreis Weißenburg zu überlassen. Aber der Einspruch von Baden und Württemberg, die sich direkt in ihrer Existenz bedroht sahen, als der bayerische Vertreter Graf Bray sogar eine Verbindung des Tauber-Mainkreises mit der Pfalz zu Versailles in Vorschlag brachte und dafür Baden das Oberelsaß überlassen wollte, war so nachdrücklich, daß der Plan territorialer Erweiterungen bald verschwand und Bismarck den Gedanken eines einheitlichen Reichslandes ohne jede Gebietsabsplitterung immer mehr in den Vordergrund schob. Bestimmend für den Kanzler war bei dieser Entscheidung nicht nur die negative Erwägung, daß auf diese Art die partikularistischen Ansprüche Bayerns überwunden werden konnten, sondern ebenso der positive Grund, daß das Vorhandensein eines gemeinsamen Reichsbesitzes auch dem Reichsgedanken wesentliche Stärkung geben mußte.

So wird denn Elsaß-Lothringen, nachdem am 2. März 1871 durch den Austausch der Ratifikationen die Landeshoheit auf das deutsche Reich übergegangen war, durch das Vereinigungsgesetz vom 9. Juni staatsrechtlich als Reichsland dem deutschen Reiche einverleibt. Die örtliche Verwaltung der besetzten Gebiete war zunächst seit dem 14. August 1870 dem Generalgouverneur Grafen Bismarck-Bohlen übertragen worden, dem als Zivilkommissar am 26. August der Regierungspräsident Herr von Kühlwetter zur Seite trat. Der Elsässer Graf Eckbrecht-Dürckheim bezeichnet den Generalgouverneur als einen wahren deutschen Edelmann, vornehm, einfach, milde und ernst, ganz für eine Versöhnungsrolle geschaffen. Bismarck-Bohlen war berufen zur Ausübung der auf dem eroberten Gebiete außer Wirksamkeit gesetzten kaiserlich französischen Staatsgewalt. Er hatte mithin das Recht der Gesetzgebung; der Zivilkommissar war ihm für die allgemeine Verwaltung zur Seite gestellt. „Ich fand", so sagt später Möller, „die Tätigkeit der provisorischen Behörde nicht allzu glücklich. Der Fundamentalfehler ihrer Verwaltung lag darin, daß ihr nicht klar war, daß die durch die französische Gesetzgebung begründete Rechtsordnung zunächst fortbestand. So sprach der Generalgouverneur den Bezirken die Eigenschaft als Rechtspersönlichkeiten ab und sistierte die Zahlung der Zinsen der Bezirksanleihen, so versuchte er auf kirchlichem Gebiete sich über die gesetzlichen Zustände hinwegzusetzen und „machte Miene", die preußische Union einzuführen; die Lehrerseminare, die bisher gesetzlich paritätisch waren und katholische und protestantische Zöglinge aufgenommen hatten, trennte er nach Konfessionen, den Besitz des Rohanschlosses sprach er der Stadt Straßburg kurzerhand ab und behandelte es als Staatseigentum. Es kam hinzu, daß die Befugnisse des Generalgouverneurs und des Zivilkommissars nicht scharf genug abgegrenzt waren und infolgedessen zu beständigen Reibungen Anlaß gaben. Bismarck war durch die vielen Schwierigkeiten, die ihm durch all diese fehlerhaften Maßnahmen und die Zuständigkeitsstreitigkeiten erwuchsen, nicht angenehm berührt. Bald ärgerte er sich, wie Abeken berichtet, wenn in all diesen verfahrenen Sachen zu viele Instruktionen verlangt wurden, bald fuhr er wütend dazwischen, wenn er nicht gefragt war und neue Fehler gemacht wurden. So denkt er, sobald ihm der Friedensschluß mehr Zeit gewährt hat, an eine gründliche Neuregelung, die noch beschleunigt wird, als Bismarck-Bohlen durch seine Desavouierung in der Seminarfrage seinen Abschied nahm. Auch Kühlwetter wurde gleichzeitig im August 1871 abberufen, und ohne daß zunächst ein Gesetz über die Neuorganisation der Verwaltung erlassen wurde, ernannte der Kaiser auf Bismarcks Vorschlag den bisherigen Oberpräsidenten von Hessen, Eduard von Möller, zum Oberpräsidenten von Elsaß-Lothringen.

Möller hatte eine glänzende staatsmännische Laufbahn hinter sich, so daß Bismarck dem alten Kaiser, als dieser bei Nennung des Namens bedenklich wurde, weil er Möller nicht aus einem äußerst glücklichen Wirkungskreise herausreißen wollte, wohl sagen konnte: „Wissen Majestät einen besseren?" Und Kühlwetter, den Möller gewissermaßen ersetzt hatte, war doch objektiv genug, dem neuen Oberpräsidenten zu schreiben: „Ew. Exzellenz sind der einzige, der den verfahrenen Karren wieder aus dem Dreck bringen kann."

Möller[1]) war als Sohn eines Arztes, der gleichzeitig Gutsbesitzer war, im Jahre 1814 in Minden geboren. Bis zum neunten Jahre hatte ihn der Vater ohne Schule aufwachsen lassen, dann hatte er nach schneller Vorbereitung in den Elementarfächern die Gymnasien von Minden und Bielefeld besucht und mit 17 Jahren das Abiturium glänzend bestanden. Seine Lehrer hielten ihn besonders geeignet für die Philologie, er selbst hätte sich am liebsten den Naturwissenschaften gewidmet, praktische Erwägungen und der Wunsch der Mutter bestimmten ihn zum Verwaltungsjuristen. In Heidelberg, wohin er zunächst zum Studium ging, hat er sich mehr dem Korpsleben als dem Kollegienbesuch gewidmet, und der Vater hatte ihn deshalb, als ihm ein Verwandter, der Jurist war, auf den Zahn gefühlt und recht ungenügende Kenntnisse festgestellt hatte, zunächst ein halbes Jahr nach Hause genommen. Hier bemühte er sich mit außerordentlichem Eifer, das Versäumte nachzuholen, und als er dann in Berlin, wohin er zum weiteren Studium gegangen war, mit demselben Nachdruck seine Arbeit fortsetzte, war es ihm möglich, schon vor Ablauf des Trienniums sein Auskultatorexamen zu machen. „Ostern 1835", so erzählt er selbst, „ging ich ins Philisterium nach Minden und trat in die juristische Praxis beim dortigen Gerichte. Der Direktor übertrug mir sehr bald selbständig richterliche Geschäfte, obgleich ich dazu formell und nach meiner Auffassung auch materiell nicht qualifiziert war. Dadurch habe ich früh gelernt, dem gesunden Menschenverstand mehr zu vertrauen, als der Kenntnis positiver Bestimmungen." Er meldete sich dann zur Verwaltung und hat in Coblenz bei dem sehr hervorragenden Oberpräsidenten von Bodelschwingh gearbeitet. Schon sehr bald ist ihm die Verwaltung des Landratsamtes Simmern auf dem Hunsrück übertragen worden, und dort hat er sich so bewährt, daß der Oberpräsident nach einer Be-

---

[1]) Diese Lebensgeschichte z. T. nach Schricker a. a. O.

reisung des Kreises berichtete, es sei dort oben in der kurzen Zeit fast Unglaubliches geleistet worden. Neben seiner ausgebreiteten Verwaltungstätigkeit hat er noch Zeit zum zweiten Examen gefunden, und als er eine ihm übertragene Arbeit, die schon seit 20 Jahren in der Schwebe befindliche Rheinische Gemeindeordnung, glänzend durchgeführt hatte, bot ihm der preußische Finanzminister[1]) das Amt eines Staatskommissars bei der Cöln—Mindener Eisenbahn an. Es war eine völlig neue Tätigkeit, nicht nur für ihn, es wäre keiner gewesen, der auf diesem Gebiete schon Erfahrung und Kenntnis hätte aufweisen können; denn die Eisenbahnen waren völlig neu. Aber Möller hat eine ganz merkwürdige Gabe besessen. Er verstand, wie Ernsthausen einmal sagt, die Dinge stereometrisch zu sehen. Er durchschaute eine Sache auf den ersten Blick, er erkannte mit außerordentlicher Schnelligkeit alle Folgerungen, die sich aus einem Vorgange ergeben mußten, und so bewährte sich der junge Beamte auf diesem völlig neuen Gebiete so glänzend, daß sein Kommissariat bald für alle Eisenbahnen der westlichen Provinzen erweitert wurde.

Die ruhige Tätigkeit wurde durch das Jahr 1848 unterbrochen. Auch in den Rheinlanden waren die Gärungen bedenklich geworden, und wiederum wußte man keinen Besseren zur Verwaltung der wichtigen Provinz als den kaum 34jährigen Mann. Er wurde zum Regierungspräsidenten mit dem Auftrag der Wahrung der Oberpräsidialgeschäfte ernannt. Mit seiner großen Ruhe, seiner Klarheit und Festigkeit ist er leicht mit den Unruhen fertig geworden, ohne daß er es notwendig gehabt hätte, Gewalt anzuwenden. Was er nun als Regierungspräsident von Köln geleistet hat — der Oberpräsident der Rheinprovinz, der einen Ministerposten bekleidet hatte, war nach Coblenz zurückgekehrt —, ist hier nicht die Aufgabe, darzustellen. Wichtig aber für die spätere Zeit ist die Bemerkung, daß sich während dieser rheinischen Jahre die nahen Beziehungen zum Prinzen und späteren König Wilhelm I. entwickelten, die ihm für immer das unbedingte Vertrauen des Monarchen sicherten. So scheiterte schon hier der Versuch der Kreuzzeitungspartei, den unbequemen liberalen Präsidenten durch eine Versetzung nach Gumbinnen unschädlich zu machen, an dem Einspruch des Prinzen. Auch die Gunst der Königin Augusta hatte er sich hier in weitgehendstem Maße ungesucht erworben, wenn ihm auch die, besonders auf religiösem Gebiete, stark politisch eingestellte Art der hohen Frau unsympathisch

[1]) Nach Schricker war es der Oberpräsident v. Bodelschwingh.

war. So war er für den König im Jahre 1866 der gegebene Mann, zunächst unter dem Militärgouverneur, sodann selbständig als Oberpräsident die Verwaltung des Kurfürstentums Hessen zu übernehmen, und was er in dieser Stellung während der nächsten vier Jahre geleistet hatte, das bestimmte Wilhelm I., so schwer es ihm auch wurde, den ausgezeichneten Beamten diesem Wirkungskreise zu entziehen, Bismarcks Vorschlag anzunehmen und Möller zum Oberpräsidenten der an der Westgrenze neu erworbenen Landesteile zu ernennen.

Möller ist nicht gern und nur zaudernd nach Elsaß-Lothringen gegangen. Einmal hing er mit außerordentlicher Hingebung an alle dem, was er in Hessen geschaffen hatte, andererseits machte ihm die aufrichtige Zuneigung und Wertschätzung der Bewohner, insbesondere der der Hauptstadt Cassel[1]), die sein Wirken am unmittelbarsten empfanden und beurteilen konnten, den Abschied schwer. Auch freundschaftliche und Familienbeziehungen, sowie das Gefühl der Stammesverwandtschaft zum Hessenvolke fesselten ihn. Jeder Ehrgeiz, nach außen hin eine größere politische Rolle zu spielen, lag ihm völlig fern, im Gegenteil, nichts war ihm unangenehmer als persönlich hervorzutreten. Öffentlichem Reden war er abgeneigt, aber auch nur gesellschaftlich sich zu zeigen, war ihm ein Greuel. Immer und immer wieder hören wir in seinen Briefen den Jammer über die durch gesellschaftliche Verpflichtungen verlorenen Abende. „So unbemerkt wie möglich, das ist eigentlich mein Geschmack; nur opferwilliges Pflichtgefühl hat mich Stellungen übernehmen lassen, welche mich in die große Welt führten. Gutes tun kann man auch ohne das." Und in einem Briefe vom 23. Februar 1872 sagt er: „Dieser soziale Zwang ist doch sehr unbequem, er muß aber wohl wie die Kirche zu dem Zwange gehören, der den Menschen auferlegt ist, um in Ordnung zu bleiben. Volle Freiheit scheint nicht gedeihlich zu sein, man sieht das aus der Geschichte der Internationale." Es kam hinzu, daß er auch die französische Sprache nicht beherrschte, und wenn das, wie die späteren Erfahrungen, insbesondere aus der Manteuffelzeit uns belehrt haben, direkt ein Glück für die gesunde Entwicklung des Landes war — das Beispiel des Präsidenten wirkte auch auf die Beamten —, so hatte er doch zunächst Zweifel, ob es nicht für ihn ein Hindernis für die Annahme der Stellung wäre. Schon auf die erste an ihn gerichtete Anfrage, ob er das Amt des Oberpräsidenten

[1]) Die Stadt Cassel ernannte ihn zum Ehrenbürger.

annehmen würde, machte er auf dieses Bedenken aufmerksam. So war es lediglich sein Pflichtgefühl, das den Ausschlag gab, als er auf eine im Auftrage Bismarcks an ihn gerichtete Anfrage Delbrücks am 20. August antwortete: „Ich stelle mich zur Verfügung. Wenn ich erreiche, daß Elsaß-Lothringen ein gutes und glückliches deutsches Land sein wird, so will ich mich nicht beklagen." „Wenn ich nur die Erwartungen erfüllen kann, die man auf mich setzt", so schreibt er kurz darauf, und nach einigen Monaten: „Ich habe viel Gutes und Schlimmes in der Hand, ich will hoffen, daß ich das Gute treffe." 1875 aber spricht er sich in einem Briefe aus: „Ich habe hier eine historische Mission zu erfüllen, der ich eine behagliche Existenz zum Opfer bringen muß. Verließe ich dieselbe freiwillig, um anderswo zu arbeiten, so würde mir das von ernsten Politikern verdacht werden und ich glaube, daß ich darüber mit mir selbst unzufrieden sein würde. Ich werde also in Straßburg aushalten müssen, bis ich nicht mehr kann, oder ohne meinen Willen meiner Aufgabe enthoben werde."

Am 3. September 1871 ist Möller in Straßburg angekommen und hat am 6. desselben Monats sein Amt angetreten. „Seine Majestät der Kaiser", so lautet die amtliche Bekanntmachung, „haben geruht mich zum Oberpräsidenten von Elsaß-Lothringen zu ernennen und mich zu beauftragen, einstweilen die Geschäfte des Generalgouvernements zugleich mit denen des bisherigen Zivilkommissars zu übernehmen. Ich habe dieses Amt heute angetreten. Der Oberpräsident von Elsaß-Lothringen: von Möller."

„So einfach und nüchtern hatte wohl noch kein hoher Beamter die Verwaltung eines Landes übernommen, und doch hätte es gerade jetzt so nahe gelegen, sich an das tief erregte Empfinden der Bevölkerung mit Verheißungen und Versprechungen zu wenden, gerade für ihn, dem es schon einmal gelungen war, die Bevölkerung eines eroberten Landes für den annektierenden Großstaat in auffallend kurzer Zeit vollständig zu gewinnen."[1]) Aber gerade in dieser schlichten, kurzen, schweigsamen Art, die nicht durch Worte und Phrasen, sondern ausschließlich durch Arbeit und Tat wirken wollte, lag seine Persönlichkeit umschlossen.

Was fand er nun vor? Bismarck war einer klaren staatsrechtlichen Definition, wie sie für die neuen Lande in den Reichstagsverhandlungen vom April 1871 sehr nachdrücklich gefordert wurde, ausgewichen. Die äußerst wirkungsvolle Art, wie Treitschke — ein wahrer Prophet in

---

[1]) Althoff a. a. O.

der Voraussicht alles dessen, was kommen mußte — den Anschluß an Preußen nochmals dringend verlangt hatte, war vergeblich gewesen. Die andere Möglichkeit, die Windthorst dem gegenübergestellt hatte, die Schaffung eines vollberechtigten deutschen Bundesstaates, war nach Lage der Verhältnisse bei einer Bevölkerung, die dem deutschen Reichsgedanken noch durchaus ablehnend gegenüberstand, zunächst ausgeschlossen. So drang Bismarck mit seiner Auffassung durch: Das was geschaffen werde, solle man als einen Versuch ansehen und sich nicht auf den Standpunkt stellen, etwas für die Ewigkeit Gültiges machen zu wollen. Er warnte davor, sich schon jetzt einen festen Gedanken zu bilden über die Gestaltung der Zukunft, wie sie nach mehreren Jahren etwa sein solle. Als positive Voraussetzung für das neue staatliche Gebilde wollte er sich in schroffem Gegensatz zu Treitschke auf den elsässischen Partikularismus stützen. „Die Elsässer", so sagte er am 25. Mai im Reichstage, „haben sich ein tüchtiges Stück Partikularismus nach guter deutscher Art konserviert, und das ist der Baugrund, auf dem wir mit dem Fundamente zu beginnen haben werden. Diesen Partikularismus zunächst zu stärken, ist jetzt unser Beruf. Je mehr sich die Bewohner des Elsaß als Elsässer fühlen werden, um so mehr werden sie das Franzosentum abtun. Fühlen sie sich erst vollständig als Elsässer, so sind sie zu logisch, um sich nicht gleichzeitig als Deutsche zu fühlen." Damit hatte er mit teilweise wörtlicher Anlehnung einen Gedanken aufgegriffen, den schon der Generalgouverneur von Bismarck-Bohlen in einem Berichte vom 10. April 1871 ausgeführt hatte.[1]) Auch das Vereinigungsgesetz vom 9. Juni 1871 hatte irgendwelche Bestimmungen über die Verfassung nicht getroffen. Es war lediglich bestimmt worden: „Die abgetretenen Gebiete werden für immer mit dem Deutschen Reiche vereinigt. Die Verfassung des Deutschen Reiches tritt in Elsaß und Lothringen am 1. Januar 1873 in Wirksamkeit. Die Staatsgewalt übt der Kaiser aus. Die Anordnungen und Verfügungen des Kaisers bedürfen zu ihrer Gültigkeit der Gegenzeichnung des Reichskanzlers, der dadurch die Verantwortung übernimmt." Der Reichskanzler hatte sonach für die zukünftige staatsrechtliche Gestaltung des Landes völlig freie Hand behalten. Er übte durch die Elsaß-Lothringische Abteilung, die schon 1870 gebildet worden war und ursprünglich für die drei Departements Lothringen, Unter- und Oberelsaß ohne Zwischeninstanz die Ministerialbehörde bilden sollte, die Regierung aus. Schon Bismarck-Bohlen hatte in seinem Berichte vom 10. April 1871 darauf

[1]) S. den Bericht in der Anlage 1.

hingewiesen, daß eine Zwischeninstanz — etwa ein Zivilgouverneur oder ein Oberpräsident — zwischen den Departementsregierungen und dem Reichskanzler notwendig sei. Diesem hohen Verwaltungsbeamten müßten vortragende Räte, die in den Spitzen der Verwaltung (Justiz, Kirche und Schule, Forsten, Straßen- und Kanalbau, Bergwerke und Salinen usw.) gegeben wären, unterstellt sein. Es müßte der kaiserliche Kommissar ein vornehmer, reicher Mann sein, von gewinnender, imponierender Persönlichkeit, was hier zu Lande von besonderer Wichtigkeit sein dürfte. Es schwebe ihm dabei etwa der Oberpräsident Graf Eberhard zu Stolberg-Wernigerode vor. Dieser Mann müßte dann direkt unter den von einigen elsässischen Räten umgebenen Reichskanzler gestellt werden und in seine Hand und oberste Leitung müsse das neue Reichsland gelegt werden.

Mit der Ernennung eines Oberpräsidenten hatte sich Bismarck dem Vorschlage seines Vetters stark genähert. Freilich war die Meinung des Generalgouverneurs dahin gegangen, daß die Elsaß-Lothringische Abteilung mit ihren ministeriellen Zuständigkeiten durch den Oberpräsidenten ersetzt werden sollte und der Reichskanzler sich lediglich auf ein Bureau zur Bearbeitung der von der Straßburger Regierung eingehenden Berichte, Anträge und Entwürfe beschränken solle. Das hatte Bismarck nicht angenommen. Die Abteilung war geblieben, wie sie vorher bestand, und eine scharfe Abgrenzung der Befugnisse zwischen Oberpräsident und Berliner Behörde war nicht erfolgt. An der Spitze der Elsaß-Lothringischen Abteilung stand nach wie vor der Präsident des Reichskanzleramtes, Delbrück, und unter ihm hatte die besondere Leitung der Elsaß-Lothringischen Angelegenheiten der geheime Oberregierungsrat Herzog. Hier lag die eigentliche Regierung des Landes und nur die Verwaltung war dem Oberpräsidenten übertragen. Daß eine so unklare Regelung die Keime für Reibungen aller Art in sich trug, war vorauszusehen.

„Ich lege diese beiden Schmerzenskinder in Ihre bewährte Hand, lassen Sie mich möglichst wenig von ihnen hören"[1]), waren die Worte, mit denen der Reichskanzler Möller die Verwaltung bei dessen erster persönlicher Meldung übertrug. Und der Oberpräsident schreibt im November 1871: „Im Elsaß will er mir alle mögliche Macht lassen, es aber gesetzlich doch nicht so deutlich aussprechen, wie ich es möchte; ich liebe im Gesetz eine klare Sprache."

Inzwischen hatte Möller den Entwurf zu einem Gesetz über die Verwaltungsorganisation ausgearbeitet, das, nachdem es in Berlin

[1]) Mündliche Mitteilung von Back.

formell und sachlich umredigiert war, am 30. Dezember 1872 veröffentlicht wurde. Formell waren die einzelnen Paragraphen vorteilhaft umgestellt und in eine schärfere Disposition gebracht. Sachlich war besonders bemerkenswert, daß in § 1 des Möllerschen Entwurfs gesagt war: „Der Oberpräsident übt die Befugnisse der (französischen) Minister aus", während das Gesetz bestimmte: „Die ministeriellen Befugnisse können dem Oberpräsidenten übertragen werden." Diese Änderung bezog sich allerdings nicht auf Möllers Persönlichkeit — ihm wollte, wie sich bald zeigte, Bismarck diese Stellung gewähren —, sondern auf etwaige Nachfolger. Viel wesentlicher war aber die Einschiebung des § 10, des sogenannten Diktaturparagraphen, der sich in Möllers Entwurf nicht findet. Möller hatte in § 1 lediglich vorgesehen: „Dem Oberpräsidenten steht das Recht zu, die in Elsaß-Lothringen stehenden Truppen zu polizeilichen Zwecken zu requirieren." Der § 10 des Gesetzes aber lautet: „Bei Gefahr für die öffentliche Sicherheit ist der Oberpräsident ermächtigt, alle Maßregeln ungesäumt zu treffen, welche er zur Abwendung der Gefahr für erforderlich erachtet. Er ist besonders berechtigt, innerhalb des der Gefahr ausgesetzten Bezirkes diejenigen Gewalten auszuüben, welche der § 9 des Gesetzes vom 9. August 1849 der Militärbehörde für den Fall des Belagerungszustandes zuweist. Von der erlassenen Verfügung ist dem Reichskanzler ohne Verzug Anzeige zu machen. Zu polizeilichen Zwecken und zur Ausführung der vorbezeichneten Maßnahmen ist der Oberpräsident berechtigt, die in Elsaß-Lothringen stehenden Truppen zu requirieren."

Möller hat in einer Randbemerkung, die er seinem Entwurfe nach seiner Entlassung hinzugefügt hat, gesagt: „Artikel 10 des Gesetzes wurde mir von Bismarck oktroyiert. Sein Vorhandensein hat viel böses Blut gemacht und mehr geschadet, als seine Anwendung genützt hat. Ich hätte ohne ihn regieren können, konnte ihn aber, da er einmal da war, ohne Schädigung des Ansehens der Regierung nicht ignorieren."

Dem ist entgegenzuhalten, daß diese Bemerkung ex post geschrieben wurde und wohl aus der Gereiztheit gegen Bismarck entstand. Die ungeheuere Agitation gegen den Artikel war weder durch sein Vorhandensein noch durch seine überaus spärliche Anwendung gerechtfertigt. Er war der französischen Gesetzgebung entnommen, und die Elsässer hatten ihn 22 Jahre lang ruhig ertragen, ohne ihn als drückende Fessel zu empfinden. Dann aber mußte die Regierung um so notwendiger diese gesetzliche Ermächtigung, die vor allem als Vorbeugungsmaßnahme wirkte, in der Hand behalten, als sich sofort nach der Annexion die Ligue d'Alsace gebildet hatte, die mit allen Mitteln durch ihre Agitation für Frankreich der deutschen Regierung entgegenwirkte und die Bevölkerung nicht zur Ruhe kommen lassen wollte. Möller hat den Diktaturparagraphen nur zwei- oder dreimal gegen die Presse und nur ein einziges Mal angewandt, um gefährliche Agitatoren auszuweisen.[1]) Daß der Paragraph aber für die erste Zeit notwendig war, hat selbst der Protestler Kablé in seiner Reichstagsrede vom 28. Januar 1885 zugegeben. Hier sagt er: „Daß gleich nach dem Kriege eine solche Macht gegeben werden konnte, das begreift man schon." Wenn seine Anwendung nur selten nötig wurde, so zeigt gerade diese Tatsache, daß schon durch das Vorhandensein des Paragraphen bedenkliche und gefährliche Äußerungen der französischen Propaganda, wie sie nach seiner Aufhebung 1902 bald an der Tagesordnung waren, verhindert blieben.

Eine Neuregelung der Stellung zur Elsaß-Lothringischen Abteilung war mit der Verwaltungsorganisation nicht verbunden gewesen. Etwas geklärt wurden die Befugnisse des Oberpräsidenten durch einen Erlaß des Reichskanzlers vom 29. Januar 1872, der dem Oberpräsidenten die Kompetenzen des französischen Ministers übertrug. Ausgenommen waren nur die Befugnisse, die bereits nach Reichs- oder Landesgesetz anderweit geregelt waren (so war die Justizverwaltung dem Reichsministerium direkt unterstellt), oder solche, die den Ministern der auswärtigen Angelegenheiten oder des Krieges zustanden. „Damit ist nun", so schreibt Möller innerlich froh, „das frühere System, wonach man Elsaß-Lothringen von Berlin aus verwalten wollte, gänzlich beseitigt. Leider hängt aber das Land in der Gesetzgebung von Berlin ab und dadurch entstehen oft fatale Verzögerungen." Daß er auch in bezug auf die Verwaltung etwas zu rosig gesehen hatte, sollte sich bald zeigen.

Die verfassungsrechtliche Lage des Landes war jetzt die, daß dem Kaiser die Ausübung der Gesetzgebung lediglich unter Zustimmung des Bundesrats zustand. Der Reichstag war zunächst noch bis zur Einführung der Reichsverfassung, deren Termin vom 1. Januar 1873 bis zum 1. Januar 1874 auf Möllers Betreiben und einen Antrag Bismarcks vom Reichstage zurückgeschoben war, ausgeschaltet. Da auch im Lande selbst noch kein Parlament bestand, so konnte die Gesetzgebungsarbeit, soweit sie nicht durch die Reibungen zwischen der Elsaß-Lothringischen

[1]) Hochschild, Der Diktaturparagraph in Elsaß-Lothringen. Elf.-Lothr. Jahrbuch IV 149ff.

Abteilung und dem Oberpräsidenten gehemmt wurde, verhältnismäßig schnell vorangehen. Nur so sind die außerordentlichen organisatorischen und gesetzgeberischen Leistungen dieser ersten Verwaltungsjahre zu erklären. Es waren die Jahre der sogenannten „Diktatur".

Wenn Bismarck die weitere verfassungsmäßige Entwicklung des Landes von den Garantien abhängig gemacht hatte, die ihm die Bevölkerung in ihrem Verhalten dem Reiche und andererseits der französischen Agitation gegenüber bot, so hatte er sich doch wiederholt sehr deutlich darüber ausgesprochen, wie er sich diese Entwicklung dachte. Schon in den Reichstagsreden vom 15. Mai 1871 hatte er einer partikularistischen Einstellung des Landes das Wort geredet: „Wie weit man in der Selbstregierung des Landes durch sich selbst wird gehen können, darüber getraue ich mir kaum schon ein Urteil auszusprechen. Jedenfalls halte ich es ratsam, hier wie überall so weit zu gehen, wie irgend mit der allgemeinen Sicherheit des Reiches und des Landes verträglich sein wird." „Ich fühle mich berufen, der Advokat in dem neuen Staatswesen, dem die Elsässer beitreten, für sie zu sein und ich möchte sie ungern im Stiche lassen." Und am 3. Juni sagt er: „Ich erwarte kein Heil von einer dauernden Einrichtung, die dem Reichstage das Detail der Landesgesetzgebung übertragen soll, und würde es als eine große Ungerechtigkeit und Rechtsbeeinträchtigung der Elsässer betrachten, daß, während alle übrigen deutschen Stämme den erheblichen Teil ihrer Angelegenheiten, den die Reichsverfassung nicht berührt, selbständig behandeln, sie allein davon ausgeschlossen sein sollten und in stärkerer Weise und von den Abgeordneten, die sie ihrerseits nicht gewählt haben, bevormundet werden, als bei andern der Fall ist." Deutlicher noch hatte er sich schon bald dem Grafen Eckbrecht Dürckheim gegenüber, der im März 1872 mit vier anderen hervorragenden Elsässern nach Berlin gekommen war, um die Wünsche und Bedürfnisse der annektierten Landesteile vorzutragen, ausgesprochen: „Elsaß-Lothringen wird in jeder Hinsicht den anderen deutschen Staaten gleichgestellt werden, und ich hoffe, daß es einer tätigen und weisen Verwaltung gelingen wird, in nicht zu ferner Zeit die Schmerzen des Krieges und der Umwandlung vergessen zu machen."[1]) Auch dem Mülhäuser Großindustriellen Dollfuß[2]) soll er in Versailles ähnliche Worte gesagt

---

[1]) Dürckheim, Erinnerungen. S. 47.

[2]) Dollfuß, Souvenirs anectodiques personels des années 1870, 1871 et 1872. Mulhouse 1895. Der Abgeordnete Simonis führt in seiner Reichstagsrede die Worte vom 17. März 1871 folgendermaßen an: „Les Alsaciens pourront se regarder comme une

haben: „Das Elsaß soll sich als Republik betrachten können, es wird annektiert, um Deutschland gegen Frankreich zu sichern, nicht, um es zu beherrschen. Deutschland wird dem Elsaß das Höchstmaß an Unabhängigkeit gewähren, das die anderen Bundesstaaten besitzen."

Jedenfalls weisen alle diese Äußerungen darauf hin, daß Bismarck beabsichtigte, Elsaß-Lothringen allmählich den deutschen Bundesstaaten staats- und verfassungsrechtlich möglichst gleich zu stellen, wenn er auch zunächst nicht daran denken konnte, dem Lande volle staatliche Selbständigkeit zu gewähren. Bezeichnend sind in dieser Beziehung die Motive zum 1. Absatz des Vereinigungsgesetzes, die mit dem Gesetzentwurf dem Reichstage am 23. April 1871 vorgelegt wurden. Hier heißt es[1]): „Das von Frankreich abgetretene Gebiet ist nicht bestimmt, einen mit eigener Staatshoheit bekleideten selbständigen Bundesstaat zu bilden; die Landeshoheit über dasselbe ruht im Reiche. Da jedoch die Landesverfassung durch die Reichsverfassung nicht vollständig ersetzt werden kann, so bleibt die Frage offen, in welcher Weise die Landesverfassung für Elsaß-Lothringen geschaffen oder wodurch sie ersetzt werden soll." Und zu Absatz 5 wurde gesagt[2]): „Daraus, daß das Reich als Träger der Staatshoheit über das Reichsland erscheint, folgt strenggenommen, daß das ganze Recht der Gesetzgebung im Reiche ruht. Dessen ungeachtet könnte unter Umständen eine Mitwirkung bei Ausübung der Landesgesetzgebung vom Reiche einer Landesvertretung übertragen werden, zur Wahrnehmung solcher Interessen, welche vorwiegend Lokalinteressen der Landesangehörigen sind." Diese Auffassung der Reichsregierung, wie sie sich aus Bismarcks Worten und den Motiven zum Vereinigungsgesetz ergibt, hat nun Möller als Richtlinien für seine Landespolitik übernommen und ist bemüht gewesen, schrittweise das Land auf diesen Grundlagen der verwaltungs- und staatsrechtlichen Selbständigkeit zuzuführen.

Der Oberpräsident sieht staatsrechtlich in dem neuen Gebilde, wie er sich brieflich äußert, „ein staatsähnliches Wesen, keinen Staat". „In Cassel", so sagt er, „hatte ich eine Provinz für einen vorhandenen

---

république se gouvernant et s'administrant elle-même." Daß Bismarck von einer Republik gesprochen hat, ist selbstverständlich ausgeschlossen, denn er hatte von vornherein in Aussicht genommen, dem Kaiser die landesherrlichen Rechte durch die Bundesstaaten übertragen zu lassen.

1) Nach Schricker, Elsaß-Lothringen im Reichstage. Straßburg 1873, S. 7.

2) Ebenda S. 9.

Staat zu organisieren; hier ist kein Staat, an den eine Provinz angeschlossen werden kann, sondern es muß ein Mittelding zwischen Staat und Provinz geschaffen werden." „Ich habe eine Stellung zwischen Verantwortlichkeit und Unverantwortlichkeit, die mir die erstere gegen mich selbst oft recht fühlbar macht." Klarer noch tritt er mit seiner Auffassung in einem offiziösen Artikel hervor, der sich gegen eine Rede des damaligen Oberprokurators Ferdinand Schneegans in Colmar wendet. Dieser hatte von der „Wiedergeburt der eigenen staatlichen Persönlichkeit des Landes" gesprochen und den elsässischen Partikularismus als „Keim eines selbständigen staatlichen Lebens" bezeichnet. Darauf ließ Möller erklären: „Das einzig mögliche Ziel sei die Einrichtung einer mit erheblichen Rechten ausgestatteten Provinzialvertretung und die Ermöglichung einer Vertretung im Reichstage. Mit dem Streben nach eigenem staatlichen Leben werde das Land auf Irrwege gebracht." Er weist also das Streben nach staatlicher Selbständigkeit, wie es in Schneegans' Rede hervortritt, zunächst nachdrücklich zurück. Es läßt sich nicht verkennen, daß in diesen Äußerungen Möllers ein innerer Widerspruch lag. Eine Provinzialvertretung setzt eine Provinz voraus, die Provinz aber einen einheitlich organisierten Staat. Der aber war im Reiche, wie Möller selbst erklärt hatte, nicht vorhanden. Sonach mußte sich mit zwingender Notwendigkeit die verfassungsrechtliche Entwicklung schließlich dem zweiten Wege zuwenden, den Windthorst von vornherein klar erkannt und gezeigt hatte: der Entwicklung zum gleichberechtigten deutschen Bundesstaat. Bismarck wie Möller konnten sich dieser Konsequenz ihrer Politik auf die Dauer nicht verschließen. Wenn es trotzdem bei dem Ausbau in dieser Richtung zwischen beiden zu schweren Konflikten kam, so können die Ursachen nicht in sachlichen Meinungsverschiedenheiten über die Verfassungsentwicklung liegen, sondern müssen auf anderen Gebieten gesucht werden.

Neben der staatsrechtlichen Frage, deren Regelung der deutschen Regierung oblag, war von mindestens gleicher Bedeutung für die Zukunft die Stellungnahme der Bevölkerung zum neuen Regiment und die Haltung, die der Oberpräsident in seiner Politik dem Volke gegenüber einnahm.

Auf wen konnte er sich stützen?

Die Bevölkerung war — das unterlag vom ersten Tage der Annexion an nicht dem geringsten Zweifel — in ihrer Masse nach Sprache und Sitte die ganzen französischen Jahrhunderte hindurch durchaus deutsch geblieben. Wenn auch die Oberschicht in den Städten französische Art und Sprache bevorzugte, noch sprudelte, besonders auf dem Lande, der Quell deutschen Wesens so rein und lauter, wie nur in wenigen Landschaften des alten Vaterlandes. Politisch lagen die Dinge freilich wesentlich anders. Das gemeinsame Erleben, das vielfach mit gemeinsamem Sieg und Ruhm verbunden war, der feste Glaube an Frankreichs Überlegenheit auf politischem, wirtschaftlichem und selbst militärischem Gebiete — die Niederlage wurde durch Verrat erklärt —, die Überhebung über die deutsche Kleinstaaterei, der auch von den süddeutschen Nachbarstaaten her genährte Gegensatz gegen „das rückständige, halbslawische", den meisten völlig unbekannte „preußische Barbarenland", „das große Ungeheuer des Nordens und Ostens"[1]), alles das hatte das gemeinsame Band mit Frankreich so fest geknüpft und die Abneigung gegen Deutschland so stark werden lassen, daß die Sprach- und Kulturgemeinschaft, wie sie jetzt offen in die Erscheinung treten mußte, keinen Ausgleich schuf.

Gewiß hatte eine Reihe geistig hochstehender Männer das deutsche Wesen im Gegensatz zur welschen Art allezeit bewußt hoch gehalten, aber auch von ihnen war es doch nur ein geringer Bruchteil, der den Mut fand, sich nun auch politisch deutsch einzustellen. Am entschiedensten hatte ein literarischer Kreis mit dem Arzt und Dichter Dr. Mühl, dem Theologen Candidus, dem Pfarrer Karl Hackenschmidt und seinem aus der Studentenverbindung Argentina hervorgegangenen Anhang jederzeit den Anschluß an die deutschen Kreise vertreten und jetzt freudig die neue deutsche Zeit des Landes begrüßt. Ebenso entschieden hatte sich der frühere französische Präfekt Graf Eckbrecht Dürckheim politisch zu Deutschland bekannt. An der Universität war es eine Reihe von Männern, wie der Philologe Heitz, die Theologen Reuß, Baum, Bruch, sodann der geistig sehr hoch stehende Archivar Dr. Spach, die sich offen auf den Boden der vollendeten Tatsachen stellten. Das Volk im allgemeinen verhielt sich passiv, der politischen Betätigung und selbständigen Äußerung hatte es sich unter dem Napoleonischen Regiment entwöhnt. Aber auch eine nicht unbeträchtliche Zahl im öffentlichen Leben stehender Männer wagte es, in Versammlungen vom 24. März zu Colmar und vom 16. April zu Straßburg, „unter Wahrung ihrer inneren politischen

[1]) So nennt es einmal, allerdings halb scherzend, E. Stöber in einem Brief an einen süddeutschen Freund.

Einstellung" durch Äußerung von Wünschen für die Neuorganisation des Landes ihren Willen zur Mitarbeit zu bekunden. In beiden Städten wurden Deputationen gewählt, die dem Reichskanzler persönlich die Beschlüsse der Versammlungsteilnehmer übermitteln sollten. Auch die katholische Geistlichkeit wandte sich unter Führung des Bischofs Andreas Räß in einer Eingabe an den Kaiser, die auch die Versicherung enthielt, daß sie bereit seien, „Gott zu geben, was Gottes ist, und eben deshalb auch dem Kaiser, was des Kaisers ist". Sie betrachteten es, wie sie versicherten, als ihre „strenge Obliegenheit, die Gemüter zu beruhigen".

So schienen Elemente genug vorhanden zu sein, auf die sich die Regierung beim Neuaufbau stützen konnte.

Mit einer Hingebung ohnegleichen und einer warmen inneren Teilnahme an der Entwicklung des ihm anvertrauten Landes hat sich Möller dieser Aufgabe gewidmet. Die ganze Art des Mannes versprach, wenn überhaupt die Möglichkeit für ersprießliche Arbeit gegeben war, das beste Gelingen. Eine ernste Persönlichkeit, klug und erfahren, von außergewöhnlicher Arbeitskraft, streng sachlich in allen Verwaltungsangelegenheiten, dabei wohlwollend und versöhnlich. Nach außenhin freilich etwas verschlossen, nicht gerade von gewinnender Leutseligkeit, um so zuverlässiger aber in jeder Zusage, die er einmal gegeben hatte, und ohne jene Überhebung und Unnahbarkeit, wie sie sonst dem hohen Verwaltungsbeamten oder einem Manne fürstlichen Geblüts leicht anhaften. Seine Türe stand jedermann, der Rat erbitten oder Beschwerden vorbringen wollte, offen. Andererseits steht er aber als Mann, der schon seit langen Jahren an Selbständigkeit und eigene Verantwortung gewöhnt ist, dem Vorgesetzten aufrecht und seines eigenen Wertes bewußt gegenüber und verträgt Eingriffe in sein Amt nur schwer. Der vaterländische Gedanke steht ihm über allem. Wenn ihm deutsche Heißsporne vorgeworfen haben, daß er den elsässischen Wünschen und Forderungen zu weit nachgegeben habe, so wird jeder, der das Land kennt, in dem Bemühen für das Verständnis der Eigenart seiner Bewohner und dem Nachgeben in unwesentlichen Dingen nur das Gute sehen, um so mehr, als er jeder Anwandlung einer sogenannten Notabelnpolitik, wie sie sich später so verhängnisvoll entwickelt hat, unbedingt abweisend gegenüberstand. Graf Eckbrecht Dürckheim vermißt bei Möller den belebenden und schöpferischen Geist. Die Bemerkung scheint zunächst etwas Richtiges zu haben. Sicher fehlte dem Oberpräsidenten das fortreißende Temperament, das auf die Massen wirkt. Vor allem hatte er nicht die Gabe, aus sich herauszutreten und in freier Rede die der deutschen Zukunft Vertrauenden fest um sich zu scharen, die Zweifelnden zu gewinnen, die Gegner zu entwaffnen und umzustimmen. Daß er das Land nicht mit großen und neuen Gedanken überschüttete, sehe ich aber für diese erste Zeit der Eingewöhnung nicht als einen Fehler an. Zunächst und vor allem war es notwendig, Ordnung durch Organisation der neuen Verwaltung zu schaffen, und diese Aufgabe ist ihm — darüber sind alle Beurteiler einig — glänzend gelungen. Daß er darüber hinaus nicht schöpferisch wirkte, lag aber auch an seiner Gebundenheit durch die Elsaß-Lothringische Abteilung; er hatte nicht die freie Hand wie seine Nachfolger nach der Einführung der Verfassung von 1879.

Es war nicht nur die praktische Verwaltung, deren Organisation auf Grund des neuen Gesetzes vom 30. Dezember 1871 erst geschaffen werden mußte, sondern auch die Vorbereitung und Mitarbeit an den von Berlin erlassenen Gesetzen. Wenn man bedenkt, daß Möller im Vergleich zu „der bureaukratischen Orgie", wie er selbst später die neue Verfassung von 1879 in bitterer Stimmung nannte, mit nur wenigen Regierungsräten und Hilfsarbeitern die Verwaltung geschaffen[1]) und

---

[1]) Ein Vergleich des Verwaltungsapparates unter Möller (nach dem Jahrbuch der Elf.-Lothr. Verwaltung vom Jahre 1877) und nach der neuen Verfassung von 1879 (Jahrbuch 1880) zeigt am besten, mit wie geringen Kräften und Kosten Möller seine Verwaltung geführt hat. Es waren tätig:

1877	1880
1 Oberpräsident	1 Statthalter
1 Landforstmeister	1 Staatssekretär
3 Oberregierungsräte	4 Unterstaatssekretäre
11 Regierungsräte	18 Ministerialräte
2 Assessoren als Hilfsarbeiter	14 ständige und kommissarische Hilfsarbeiter
14 Sekretäre	23 Ministerialsekretäre
17 Sekretariatsassistenten	12 Sekretariatsassistenten
7 Kanzlisten	12 Kanzlisten.

Die Ausgaben für das Oberpräsidium beliefen sich 1877 auf 433850 Mark, für das neue Ministerium nach der Verfassungsänderung auf 929175 Mark. Dazu kamen aber 1879 auch noch für die Statthalterschaft 312525 Mark, Summa 1241700 Mark. — Im Reichstage hat es nicht an gewichtigen Stimmen gefehlt, die die Vorschläge der Regierung bei der Verfassungsänderung als viel zu weitgehend erklärt hatten. Außer Möller sprachen dagegen der frühere Bezirkspräsident v. Puttkamer (Löwenberg), Windthorst, Kleist-Retzow, Schwarz, Reichensperger. Dafür traten ein der Unterstaatssekretär Herzog, die Abgeordneten North (Elsässer) und v. Puttkamer (Fraustadt). Letzterer wies auf den Reichtum und die

geführt und eine außerordentlich große Zahl von Gesetzen vorbereitet hat, so ist man immer wieder von neuem über die ungeheure Arbeitsleistung dieser ersten Jahre erstaunt. Gerichtswesen, Schulwesen, Armenwesen, Gefängniswesen, Verkehr und Handel, Wasser und Wegebau erfreuen sich seiner Fürsorge — nicht weniger als acht neue Schiffsbrücken verbinden in kurzer Zeit die beiden Ufer des Rheins. Es ist hier nicht die Aufgabe, eine Geschichte der elsaß-lothringischen Verwaltung und Gesetzgebung überhaupt zu schreiben, und ich muß mich darauf beschränken, auf die große sogenannte Möllersche Gesetzsammlung, wie sie in vier Bänden vorliegt, hinzuweisen. Die außerordentliche Arbeitsleistung ist nur erklärlich, wenn man bedenkt, daß der Reichstag noch nicht mitzuwirken hatte, daß ein Landesparlament nicht existierte und lediglich Kaiser und Bundesrat die gesetzgebenden Faktoren waren.

Aber die Dinge vollzogen sich nicht so glatt, wie es nach außenhin scheinen mochte. Zunächst waren die ständigen Kompetenzkonflikte und Reibungen mit der Elsaß-Lothringischen Abteilung einer schnellen Abwicklung hinderlich, dann aber griff auch der Reichskanzler nicht selten in die Verwaltungsmaßnahmen persönlich ein. Auch bei dem Militär fand Möller nicht immer dieselbe Auffassung über die Behandlung des Landes vor, wie er sie vertrat. So war es nicht nur das positive Schaffen, das ihn in Anspruch nahm, sondern auch die Abwehr mancher Maßnahmen von anderer Seite, die ihm bedenklich erschienen. Endlich wurde aber eine glatte Entwicklung auf das schwerste im Lande selbst durch die skrupellose Agitation und französische Propaganda der schon kurz erwähnten Liga gehemmt.

Seit dem März 1871 hatte sich dieser Geheimbund, dessen Leitung nach der eigenen Angabe der Liguisten „en Alsace" lag, der aber zweifellos seine Parole aus Frankreich empfing, entwickelt. Ob ein förmlicher Bund mit Satzungen und Bundesorganen bestand, wissen wir bis heute nicht. Es wird im allgemeinen schon richtig sein, was die Leitung selbst in der 1873 erschienenen Schrift „La Ligue d'Alsace 1871—1872" (Paris 1873) von der Organisation sagt: La Ligue c'est tout le monde et ce n'est personne. Jeunes, vieux, hommes, femmes, jeunes filles, catholiques, protestants, républicains et royalistes, tous se sont unis depuis la con-

---

blühenden Finanzen des Landes hin. „Herr North"—so führte er aus—„der, wie ich glaube, das richtige Organ ist, um die Stimmung des Landes in dieser Frage wiederzugeben, sagt, daß das Land vollkommen bereit ist, diese Summe zu entrichten, da es sich um eine Institution handle, die seinen Wünschen entsprechend ist."

quête dans un même sentiment de résistance et de haine contre l'oppresseur. Un comité directeur et quatre cent mille complices, voilà notre personnel; une caisse toujours alimentée et nos Bulletins imprimés, voilà nos moyens d'actions. Vous nous permettrez bien de taire le nombre des membres dont se compose notre comité directeur, supposons de cinq pour un instant, si vous le voulez bien. Chacun d'eux se met en rapports avec cinq de ses amis les plus intimes, soit un second ban de vingt-cinq affiliés. ... Le mouvement se poursuit en bon ordre ... le sixième ban compte 15625, le septième 78125 et le huitième le reste. Chacun des notres connait son initiateur et les cinq qu'il a eu l'honneur d'initier à son tour, rien de plus. Et s'il se trouvait parmi nous un traître, il ne pourrait livrer que six peronnes, sans profit pour l'ennemi, car le comité directeur n'est connu que de lui-même et les affiliés ne savent jamais s'ils appartiennent au second ban ou au huitième. — Vous le voyez, la Ligue d'Alsace est une Charbonnerie organisée, riche et prête à la lutte. Nous avons nos presses, notre armée des distributeurs et de contrebandiers, nos depôts, nos réunions régulières et bien d'autres choses encore, dont vous trouverez naturel que nous ne parlions pas." Wenn die Liga sich „d'Alsace" nannte, so hatte sie doch auch Vorsorge getroffen, um in Lothringen zu wirken. Ein Mitglied teilt uns in dem schon erwähnten Buche mit, daß Agenten dorthin geschickt worden seien, um „den moralischen Widerstand" wie im Elsaß zu organisieren.

Man wird ohne weiteres annehmen dürfen, daß die theoretisch ausgerechneten Verbreitungsziffern der Liga in Wirklichkeit nicht annähernd erreicht worden sind. Schon die französische Sprache der Flugblätter, die doch lediglich von der Bourgeoisie verstanden wurde, schloß es aus, daß sie in die breite Masse drangen. Aber die Gefahr, daß das Gift, das durch diese unterirdischen Kanäle, deren Lauf niemand folgen und feststellen konnte, zuerst die führenden Schichten erreichte und durch diese nun in weiten Kreisen verbreitet wurde, war außerordentlich groß und die Erfolge der Agitation, die sich bald zeigten, mußten die Regierung, auch wenn sie von den besten Absichten für eine schnelle Verfassungsentwicklung beseelt war, zur äußersten Vorsicht und Aufmerksamkeit veranlassen.

Die Flugblätter, die seit März 1871 erschienen und von denen uns 27 aus den Jahren 1871 und 1872 bekannt sind — die späteren sind mir

---

[1]) La Ligue d'Alsace p. I.

in ihrem Wortlaut nicht zugänglich geworden —, wandten sich zunächst mit größter Leidenschaft gegen die Männer, die sich an den Frühjahrsversammlungen in Colmar und Straßburg beteiligt hatten, und zwar ist es in erster Linie der Führer der Oberelsässer, der hochangesehene Fabrikant Fritz Hartmann aus Münster, der in der gemeinsten Weise angegriffen wird. Ein weiteres Blatt beschäftigt sich in gleichem Sinne mit dem Grafen Eckbrecht v. Dürckheim-Montmartin, der ebenso wie die Führer der Straßburger und Colmarer Versammlungen nach Berlin gegangen war, um bei den maßgebenden Kreisen Verständnis für die neuen Reichslande zu wecken. Daß Bismarck dabei wegen seiner „wilden Brutalität", „seiner Wortbrüchigkeit" und was man sonst gegen ihn erfindet, in den Schmutz gezogen wird, ist selbstverständlich.

Fast noch gefährlicher sind die Flugblätter gegen die Elsässer, die sich zur Fortführung ihrer Ämter bereit erklärt haben, und zwar werden die angesehensten unter ihnen mit Namen genannt und mit ihrer persönlichen Ehre in den Schmutz gezogen. Da begegnen uns Namen, die stets mit höchster Achtung genannt worden sind, wie Camille Schlumberger, Scheuch, Ferdinand Dollinger, Adolph Münz, Kern, v. Kloeckler, Burguburu u. a. Jedem einzelnen werden halbe und ganze Seiten gewidmet. Der ehrwürdige Präsident des Mülhauser reformierten Direktoriums, Pfarrer A. Stöber, der schon vor 1870 für die deutsche Sprache und Kultur im Elsaß eingetreten war und nun aus seiner deutschen Gesinnung keinen Hehl machte, wird in einem besonderen Blatte auf das Niederträchtigste behandelt.

Schlimm ist auch der Angriff auf die Elsässer, die in der französischen Armee gedient haben und jetzt, nachdem sie Deutsche geworden sind, in ihre Heimat zurückkehren. Sie werden der Verachtung ihrer Mitbürger empfohlen.

Als die deutsche Regierung für den 30. Juli 1871 die Gemeinderatswahlen ausschrieb, agitiert die Liga in leidenschaftlichster Weise gegen die Wahlbeteiligung, damit die Regierung gezwungen wird, die alten Gemeinderäte, die noch aus der französischen Zeit stammen und deren Amtszeit längst abgelaufen war, weiter amtieren zu lassen. Jeder Elsaß-Lothringer, der sich mit den bestehenden Verhältnissen politisch abfindet und sie anerkennt, wird mit den ungeheuerlichsten Schmähungen bedacht. Die Zaudernden werden durch Drohungen eingeschüchtert.

Selbst die Kinder werden mit dem aufrührerischen Geiste erfüllt. Die veröffentlichten Gesetze werden bekämpft, lächerlich gemacht, dem Gesetzgeber unlautere Motive untergeschoben.

So war in kurzer Zeit die hoffnungsreiche Saat, die mit den Versammlungen von Colmar und Straßburg aufzugehen schien, vernichtet.

Die verhängnisvollste Betätigung fand aber die Liga in der Ausnützung der Optionsbestimmungen des Friedensvertrags. Es heißt da: „Den aus den abgetrennten Gebieten herstammenden, gegenwärtig in diesem Gebiete wohnenden französischen Untertanen, welche beabsichtigen, die französische Nationalität zu behalten, steht bis zum 1. Oktober 1872 die Befugnis zu, ihren Wohnsitz nach Frankreich zu verlegen. . . . Es steht ihnen frei, ihren auf dem mit Deutschland vereinigten Gebiete belegenen Grundbesitz zu behalten."

Hier setzt die Liga mit ihrer Agitation ein. Sie sucht in nicht weniger als 8 Flugblättern die Bewohnerschaft zu überzeugen, daß die Optionserklärung in keiner Weise bedenkliche Folgen für die Optanten habe, denn niemand brauche sein Heimatland zu verlassen, es sei ihm das lediglich freigestellt. Wenn aber Deutschland die Verlegung des Domizils nach Frankreich verlange, so könne man am Morgen nach Nancy, Belfort, St. Dié oder Verdun fahren, dort bei den von der französischen Regierung instruierten Bürgermeistern ein Domizil anmelden und am Abend zurückkehren.

Jeder Aufklärung gegenüber, die von der deutschen Regierung gegen diese Irreführung veranlaßt wird, hat die Liga stets neue Argumente, um die „Option en masse", gewissermaßen als Plebiszit zu inszenieren. Insbesondere fehlt aber nie der Appell „an das Herz, die Ehre, den französischen Patriotismus": „Gebt Eurem alten Vaterlande diesen letzten Beweis Eurer Treue. Es ist die letzte Abstimmung und die Schande, die dadurch auf unsere Unterdrücker in der ganzen Welt fallen muß, ist der erste Akt unserer Rache. Optiert im Namen Eurer Würde, Eurer Interessen, im Namen Eures Vaterlandes, Eurer für unsere Freiheit gefallenen Brüder und Kinder. Eure Abstimmung ist eine letzte Huldigung für das Andenken der Gefallenen." Die Überredung, die bewußte Irreführung und die Phrase, für die der Elsässer in den zwei Jahrhunderten französischer Herrschaft empfänglich geworden war, haben tatsächlich einen großen Erfolg gehabt. Nach Möllers brieflichen Mitteilungen haben 164000 Bewohner die Konsequenzen aus ihrer Optionserklärung gezogen und sind ausgewandert, nach neueren Aufstellungen beträgt die Zahl mehr als 300000. Man wird aber annehmen dürfen, daß in dieser letzten Ziffer diejenigen einbegriffen sind, die zwar zunächst der Überredung der Liga nachgegeben und die Option angemeldet hatten, dann aber doch die Heimat nicht verließen und ihre Erklärung rückgängig machten.

Die Mehrzahl der Ausgewanderten hatte sich auf die Zusage der Liga verlassen, daß sie jedenfalls nach kurzem Aufenthalte in Frankreich in die alte Heimat wieder zurückkehren könnten. Ungeheuer war deshalb die Enttäuschung, als sie die Grenze wieder überschreiten wollten und nun die Türe verschlossen fanden. Möller vertrat ihnen gegenüber eine milde Auffassung. Er sah in den Ausgewanderten Betrogene, die sich über die Tragweite ihres Schrittes nicht klar gewesen waren, und fand die Wiederaufnahme auch im deutschen Interesse für wünschenswert, weil dann die elsässischen Familien dieser Optanten nicht ständig nach ihren Angehörigen in Frankreich hinüber schauten. Soweit es sich also nicht um die Hetzer und Verführer oder um sonst irgendwie lästige oder bedenkliche Persönlichkeiten handelte, legte er der Naturalisation kein Hindernis in den Weg. Wenn der Reichskanzler schon nicht mit dieser milden Handhabung der Angelegenheit einverstanden war[1]), so wurde insbesondere von militärischer Seite den Dienstpflichtigen gegenüber geltend gemacht, daß sie sich durch die Auswanderung der Militärpflicht entzogen hätten, also nach Reichsmilitärgesetz noch bis zum 31. Jahre zum aktiven Dienste herangezogen werden müßten. Möller vertrat dagegen den Standpunkt, daß die Optanten ja Franzosen geblieben und als solche in Deutschland nicht militärpflichtig gewesen seien. Sie seien also lediglich als Einwanderer zu behandeln und nur bis zum 23. Jahre zum aktiven Dienste heranzuziehen. Er setzte sich schließlich mit dieser Auffassung durch.

Auch bei einer anderen Gelegenheit zeigte er, wie sehr er sich mit dem Lande selbst identifizierte und die Gefühle der Bevölkerung verstand. Von militärischer Seite wünschte man den Jahrestag der Eroberung von Straßburg festlich zu begehen. Möller hatte gerade, wie er an seine Casseler Freunde schreibt, „auf dem Münster gestanden und die eindrucksvollen Spuren der schweren Beschießung gesehen". Da wendet er sich gegen diese Pläne, weil er „in einer Freudenfeier über das Leid und die Trauer der Bewohner, die nun unsere Landsleute geworden sind, eine Rücksichtslosigkeit sieht. — Der Kaiser ist über meinen Einspruch ungehalten gewesen."

Mit Bismarck hat er Auseinandersetzungen über einen an sich kleinlichen, immerhin aber für die verhetzende Tätigkeit der Liga charak-

---

[1]) Über die grundsätzliche Auffassung der Optionsfrage seitens des Reichskanzlers und Möllers vgl. Anlage 3.

teristischen Fall. In Mülhausen hat die Tochter des Fabrikanten Köchlin, Florence, einen Steuerbeamten in Uniform von ihrem Garten aus mit Schmutz beworfen. Der Beamte erstattet Anzeige, und Florence wird vom Gericht zu 1 Fr. Geldstrafe verurteilt. Da trifft ein zorniger Erlaß Bismarcks an Möller ein: „Die Angelegenheit der Florence Köchlin würde ich nicht mit dem gerichtlichen Straferkenntnis abgemacht sein lassen, weil das junge Mädchen einer der reichsten Familien angehört, in denen man eine bessere Erziehung und eine verständigere Ausübung der väterlichen Gewalt vorauszusetzen berechtigt ist. Es erscheint zweckmäßig, Herrn Köchlin die Verantwortlichkeit für die Ungebührlichkeit seiner Tochter fühlen zu lassen und den oppositionellen Elementen der Bevölkerung die Folgen zu zeigen, die es hat, wenn sie einen Kriegszustand mit der Reichsregierung erhalten will. Ew. Exzellenz geneigter Erwägung stelle ich anheim, ob der Florence Köchlin, nicht nach den Vorschriften des Code, sondern durch Regierungsverfügung, ein Kurator zu bestellen oder ob der Vater durch Abführung nach der Straßburger Zitadelle oder durch Internierung aus dem Orte zu entfernen ist, wo er durch seine industriellen Unternehmungen einen so großen Einfluß auszuüben vermag. Eine zeitweilige Beeinträchtigung der letzteren dürfte durch die guten Wirkungen der Lektion aufgewogen werden. Die französisch geschulten Elemente der Bevölkerung sind der Strenge zugänglicher als der Milde und vergelten letztere als Schwäche durch Übermut." Möller hat sich auf den Wortlaut des gerichtlichen Urteils berufen, der für Vater und Tochter eine ungleich schwerere Strafe darstelle, als die Geldbuße, und hat im übrigen ausweichend geantwortet, weil er bei allem Einverständnis mit der Auffassung des Reichskanzlers die Sache an sich als zu geringfügig ansah.

Auch auf kirchlichem Gebiete fehlt es nicht an Differenzen mit dem Reichskanzler. Dieser will ihn zur Einführung des Altkatholizismus bestimmen. Möller widersteht diesem Ansinnen. Er hält den Altkatholizismus „für aussichtslos, weil es ihm an energischen Zeloten fehlt, ohne die nun einmal keine Kirche gegründet wird. Hier aber vergrößert eine solche Maßnahme die Schwierigkeiten der ohnehin nicht leichten Verhältnisse. Ich habe überhaupt Sorge, daß Bismarck die kirchlichen Angelegenheiten sehr verfahren wird. Er ist darin leichtsinnig und unwissend. Ich habe große Not, ihn auf dem rechten Wege zu halten und er ist stark in Gefahr, auf Abwege zu geraten, die in das Chaos führen."

Wenn diese Auseinandersetzungen nach außenhin nicht bekannt wurden, so haben die Maßnahmen des Oberpräsidenten auf dem Gebiete der Schule im Lande starke Erregungen hervorgerufen und sind als Agitationsmittel gegen ihn auch von den linksliberalen und klerikalen Parteien des Reichstags benutzt worden. Jedenfalls zeigt aber hier sein Auftreten, daß es keine Schwäche war, wenn er in anderen Fällen den Wünschen der Bevölkerung entgegenzukommen suchte. Die allgemeine Schulpflicht war bereits durch den Generalgouverneur eingeführt worden, aber noch hatte dieser auch im Lehrplane der Volksschulen des deutschen Sprachgebiets den französischen Unterricht stehen lassen, und die sogenannte Unterrichtsfreiheit, wie sie unter Napoleon III. als Konzession an den Klerikalismus eingeführt war und sich seitdem unter kirchlicher Leitung außerordentlich kräftig entwickelt hatte, war in Kraft geblieben. Möller hebt zunächst durch Verordnung vom 1. Oktober 1872 die alte Verfügung des Zivilkommissars, nach der vier Stunden Französisch in den Oberklassen der Volksschulen erteilt werden durften, auf. Dann aber griff er viel tiefer in die Schulverfassung ein und entzog die Schule durch das Gesetz vom 12. Februar 1873, welches das gesamte niedere und höhere Schulwesen der Staatsbehörde unterstellte, der Leitung der Geistlichkeit. Die Anstellung der Schulbrüder, die bei den Gemeinden außerordentlich beliebt gewesen waren, wurde dadurch wesentlich beschränkt und auf den Aussterbeetat gebracht — statt der bisherigen etwa 2000 blieben nur 159 tätig —, die Pfarrer wurden ihres Einflusses auf die Volksschule beraubt, die Privatschulen der Aufsicht der weltlichen Schulinspektoren und Schulräte unterstellt und zur Einführung des staatlichen Lehrplans genötigt. Das bischöfliche Knabenseminar in Straßburg, das sich dem nicht fügen wollte, wurde geschlossen, ebenso die Schulen gleichen Charakters in Zillisheim und Finstingen. Zur Anwendung des Diktaturparagraphen veranlaßte ihn ein besonderes Vorkommnis auf dem Schulgebiete. Durch die lebhafte Agitation der Liga wurde versucht, Kinder dem Schulbesuch zu entziehen und in Anstalten des benachbarten französischen Grenzgebietes unterzubringen. Die Strafgelder, die die betreffenden Eltern für Schulversäumnis zu zahlen hatten, brachte ein besonderer Verein auf, an dessen Spitze der bischöfliche Generalvikar Rapp und zwei „Seelenverkäufer", wie sie Möller nennt, Morin und Heimburger, tätig waren. Möller hat die drei, als ihr Vorgehen festgestellt war, auf Grund des § 10 des Verwaltungsorganisationsgesetzes des Landes verwiesen.

Das führt uns auch zur Behandlung der Sprachenfrage. Auch hier hatte er Härten zu vermeiden gesucht. Auf dem französischen Sprachgebiet ist selbstverständlich die französische Sprache aus den Schulen nicht verbannt worden und der Schulplan war lediglich darauf eingestellt, daß die Kinder auch die deutsche Sprache beherrschen lernten. In Gemeinden des deutschen Sprachgebiets mit besonderem industriellen Einschlag hatte er sogar zugelassen, daß neben dem regelmäßigen Unterricht die französische Sprache gelehrt wurde. Die Durchführung dieses Schulgesetzes hat viel Widerstand gefunden und noch auf Jahre hinaus haben die Bezirkstage und der 1874 geschaffene Landesausschuß den Wunsch auf Wiedereinführung des französischen Sprachunterrichts wiederholt. Möller hat sich nicht veranlaßt gesehen, eine Änderung zu treffen.

Auch auf dem Gebiete der Kommunalpolitik und der Selbstverwaltung der Bezirke ist Möller bald auf den erbitterten Widerstand der Liga gestoßen. Die ersten Gemeinderatswahlen hatten bereits am 30. März 1872 stattgefunden, und die Regierung hatte kein Bedenken getragen, die Wahl der Bürgermeister der neuen Gemeindevertretung zu überlassen. Der in Straßburg gewählte Bürgermeister Lauth, der noch im April 1871 sich an der Notabelnversammlung beteiligt hatte, erklärte nun dem Oberpräsidenten, er hätte die Wahl nicht angenommen, wenn er nicht hoffte, daß die Franzosen bald wiederkommen würden. Als er sich weigerte, einer darauf an ihn ergangenen Aufforderung zur Niederlegung seines Amtes Folge zu leisten, wurde er abgesetzt, und im weiteren Verlauf der Angelegenheit wurde auch der Gemeinderat, der sich dem Vorsitz des Bürgermeistereiverwalters Back nicht fügen wollte, aufgelöst. Ebenso ergaben sich Schwierigkeiten, als die am 21. Juni 1873 trotz der von seiten der Liga ergangenen Aufforderung zur Wahlenthaltung zum ersten Male gewählten Bezirksräte sich auf Betreiben oder aus Furcht vor der Liga weigerten, den Treueid auf die Verfassung und für den Kaiser zu leisten. Die Bezirkstage von Lothringen und Oberelsaß, in denen die vorgeschriebene Zahl der Mitglieder nicht erschien, konnten zunächst nicht eröffnet werden und erst nach längeren Verhandlungen gelang es, die Verhetzten zur Erfüllung einer Pflicht zu veranlassen, die bereits in französischer Zeit bestanden hatte. Ebenso fest blieb Möller bezüglich der Einführung der Wehrpflicht. Durch das Land ging eine überaus lebhafte Bewegung, die sich in Frauenpetitionen und Männerdeputationen dahin äußerte, daß man die Wehrpflichtigen noch auf Jahre hinaus von der Stellungspflicht entbinden solle. Auch in Altdeutschland wurde dieser Standpunkt vertreten, und die Reichsregierung war in ihrer Auffassung geteilt; selbst Bismarck war zunächst für Hinausschiebung des Termins. Möller hat sich für die militärische Forderung eingesetzt, damit nicht durch Zaudern die Agitation der Liga begünstigt würde. Am 1. Oktober 1872 war der erste Musterungstermin. Auf der anderen Seite hat Möller aber den Wünschen der Bevölkerung so weit Rechnung getragen, daß er die Dienstbefreiung aller derjenigen durchsetzte, die bereits im französischen Heere als Mobilgardisten gegen Deutschland die Waffe getragen hatten.

Mit besonderem Eifer hat sich Möller bemüht, das geistige Leben des Landes zu heben. Neben den drei Lyzeen und den privaten, bzw. städtischen, jetzt in Staatsanstalten umgewandelten Collèges, die in französischer Zeit bestanden hatten, wurden acht neue höhere Lehranstalten geschaffen. Vor allem aber hat er sein lebhaftestes Interesse der Universität zugewandt. Die Gründung einer Universität in Straßburg war bereits von der Straßburger Notabelnversammlung im April 1871 unter ihre dem Reichskanzler überreichten Wünsche aufgenommen gewesen, und schon in der Reichstagssitzung vom 24. Mai wurde der Beschluß gefaßt, den Reichskanzler aufzufordern, die Errichtung einer deutschen Universität in Straßburg baldmöglichst ins Werk zu setzen. Der frühere badische Staatsminister Freiherr von Roggenbach war vom Reichskanzler beauftragt worden, die Vorbereitungen zur baldigen Neugründung zu treffen, und schon am 1. Mai 1872 konnte die feierliche Eröffnung, bei der Möller in Vertretung des Reichskanzlers die offizielle Ansprache hielt, stattfinden. So war zwar die Universität nicht Möllers Werk. Um so lebhafter nahm er sich aber der neuen Schöpfung an, und hier kam ihm sein ungemein vielseitiges Wissen und das wissenschaftliche Interesse zustatten, das sich in ihm zu einem wirklichen inneren persönlichen Erleben gestaltete. Möller verfügte über seltene Kenntnisse auf den verschiedensten Gebieten, vor allem dem der Naturwissenschaften[1]) und der Kunstgeschichte. Auch in den Jahren der höchsten Anspannung seiner Arbeitskraft hat er doch nie aufgehört, sich am späten Abend nach

[1]) Schricker, Ed. v. Möller, erzählt, daß Möller der erste deutsche Erfinder der Photographie gewesen ist. „Es gelang ihm als erstem, Landschafts- und Architekturbilder auf Papier herzustellen. Als Daguerres Verfahren bekannt wurde, nach welchem in wenigen Sekunden Portraits aufgenommen werden konnten, hielt es Möller für so viel vollkommener als seine Erfindung, daß er dieselbe vernachlässigte und nicht weiter publizierte."

oft 10—12stündiger Tätigkeit noch durch gute Bücher auf den verschiedensten Gebieten neue geistige Anregung zuzuführen. So liest er in Straßburg, um nur Weniges aus seinen Briefen anzuführen, von naturwissenschaftlichen Büchern ein mehrbändiges Werk von Tyndale über die Sonne, ein Werk über Spektralanalyse, über Wellenbewegungen, den Schall, Amplitude der Luftschwingungen. „Es ist mir eine wahre Freude, abends nach 10 Uhr noch an diese Lektüre zu kommen." Auch Bücher über Botanik und Zoologie finden sein Interesse. Bei dem Zoologen Oskar Schmidt hört er sogar Kolleg. Vom Straßburger Botaniker de Bary studiert er eine Untersuchung über Schimmel und Hefe. Auch der Bienenstaat mit seinen wunderbaren Einrichtungen fesselt ihn. Auf historischem Gebiete finden wir ihn über der Lektüre von Mommsens römischer Geschichte, Gregorovius' Geschichte der Stadt Rom, Arnold, Ansiedlungen und Wanderungen der deutschen Stämme, Riehls Familie, Hausrath, Die oberrheinische Bevölkerung in der deutschen Geschichte, über „die Aufgaben Deutschlands nach 1866" — den Verfasser nennt er nicht —, Döllinger, Prophezeiungen in den ersten 15 Jahrhunderten, Kreysig, Die französische Geistesbewegung im 19. Jahrhundert. Um sich in die Geschichte des Landes einzuleben, hat er sich das Wenige, was in Betracht kommt, aus der Bibliothek geben lassen. So Stöbers Sagenbuch, — „ich fühle mich in einem Lande nicht beruhigt, bis ich wenigstens weiß, was es an Sagen besitzt" —, die Elsässischen Kulturstudien von Riehl, die Geschichte des Elsaß von Lorenz und Scherer, Geschichte und Natur des Elsaß von Löher. Auf kunstgeschichtlichem Gebiete hört er Vorlesungen bei Springer über Rubens, liest Lübke über kirchliche Kunst, studiert aber vor allem persönlich an Ort und Stelle, was von bemerkenswerten Kirchen im Lande vorhanden ist und gibt der Bibliothek Auftrag, ihm zuzusenden, was von bedeutenderen Werken auf diesem Gebiete angeschafft wird. Auch der Sprachgeschichte bringt er Interesse entgegen. So beschäftigt er sich mit einem Buche über deutsche Verwandtschaftsnamen, aber auch einer Abhandlung über Indogermanisch, Semitisch und Hamitisch hat er sich zugewandt. „Mich sprechen solche Studien sehr an, freilich nur in den Resultaten, Selbstforschen lernt man nicht mehr in meinem Alter." Nationalökonomische Studien bringen ihn in Schmollers Kolleg über deutsche Verkehrspolitik, zur Lektüre von Werken über die Wasserverkehrswege, über den Strombau, die Wassergeschwindigkeit, über Bergwerks- und Hüttenwesen und anderes. Nicht weniger Interesse bringt er aber auch der poetischen und schöngeistigen Literatur entgegen. Von Homers Odyssee, die er das Erfrischendste nennt, was man lesen kann und „die ihm um so schöner erscheint, je öfter er sie zur Hand nimmt", bis zur Jobsiade und den neueren Werken Gustav Freitags, Jordans Nibelungen und Turgenjews Romanen greift er zu allem, was ihm nur einigermaßen literarisch wertvoll erscheint. Auch hier wieder sucht er der Literatur des Landes näher zu kommen und bemüht sich, die Dialektdichtung in Arnolds Pfingstmontag zu verstehen, um dann mit einigem Genuß einer Aufführung des Lustspiels im Hause des Altelsässers Dr. Mühl beiwohnen zu können.[1]) Auch auf dem Gebiete der Philosophie sucht er sich ein eigenes Urteil zu bilden, hat aber „wenig Neigung zu abstrakten Spekulationen und schätzt empirische Forschungen weit höher ein".

Dieses wunderbar vielseitige Interesse betätigt er aber nun auch praktisch. Einmal in seinem Verkehr mit den Professoren der Universität, dem Gymnasialdirektor Deecke und anderen wissenschaftlich anregenden Persönlichkeiten, dann auch in dem schon erwähnten Besuch von Vorlesungen, der Assistenz bei Unterrichtsstunden in Gymnasien und Seminaren, der Teilnahme an einem Abiturientenexamen, besonders aber durch die weitgehende Förderung und Anregung wissenschaftlicher Unternehmungen. Ich nenne hier nur das Straßburger Urkundenbuch, dessen finanzielle Fundierung seinem einsichtsvollen Verständnis für die Notwendigkeit solider Quellenschriften zu danken ist, dann aber die große vierbändige Arbeit von Franz Xaver Kraus, Kunst und Altertum in Elsaß-Lothringen, zu der er persönlich die Anregung gegeben und deren Fortschritt er mit dem größten Interesse und durch Bewilligung bedeutender Mittel gefördert hat. Auch die Organisation der geologischen Landesanstalt war wesentlich sein Verdienst. Auf dem Verwaltungsgebiet erschienen auf seine Veranlassung in rascher Folge die vier Bände „Sammlung der in Elsaß-Lothringen geltenden Gesetze". Endlich galt seine besondere Vorliebe der Entwicklung der Bibliothek. Er veranlaßte, daß ihm alle Werke von besonderer Bedeutung, die der Bibliothek zugingen, gemeldet oder vorgelegt würden. Persönlich aber stand er in regem Verkehr mit dem Leiter der Büchersammlung, Professor Barack; alle Fragen, die ihn interessierten, besprach er mit ihm bei einem familiären Whistabend. Aber so lieb ihm der Umgang mit den Professoren war, amtlich scheint er doch manchmal ein Haar in den

[1]) Mündliche Mitteilung der Frau Prof. Dr. Lehfeldt geb. Mühl.

Verhandlungen mit der selbstbewußten Dozentenschaft gefunden zu haben. So äußert er sich einmal humoristisch in einem Casseler Briefe: „Gelehrte sind eine unbändige Rasse, sie sehen nichts außer ihrem eigenen Fache und passen deshalb nicht dahin, wo Rücksichten zu nehmen sind. Besonders schlimm sind die Mediziner, die sind fast die absolutesten." Die Äußerung bezieht sich auf eine Differenz, in welche die eingewanderten medizinischen Professoren mit ihren altelsässischen Kollegen geraten waren.

Den Termin für die Einführung der Reichsverfassung, der ursprünglich auf den 1. Januar 1873 gesetzt war, hatte Bismarck auf Möllers dringende Vorstellung, deren Berechtigung der Kanzler anerkannte, nach langen Kämpfen im Reichstage um ein Jahr hinausgerückt. Jetzt aber gab es kein Verschieben mehr, so wünschenswert es auch einsichtigen Kreisen erscheinen mochte, die Gesetzgebungsmaschine noch einige Zeit in der Hand der Reichsregierung zu belassen. So wurde für den 1. Januar 1874 nicht nur die Berechtigung des Landes auf die Vertretung im Reichstage durch 15 Abgeordnete ausgesprochen, sondern auch die Landesgesetzgebung der alleinigen Bestimmung durch Kaiser und Bundesrat entzogen und an die Zustimmung des Reichstages geknüpft. Möller äußert sich darüber brieflich in einem Schreiben vom 1. Januar 1874: „Für Elsaß-Lothringen war heute ein wichtiger Tag; je nachdem es von seinem Eintritt in die Verfassung des Reiches Gebrauch macht, wird sich seine Entwicklung schneller oder langsamer gestalten, auf keinen Fall aber so schnell, wie einige Sanguiniker annehmen. Die Gefühle haben noch zu sehr die Oberhand über den Verstand, als daß man dem Lande seine Geschicke in die Hand geben könnte. Das Werk der Wiedergewinnung würde dadurch zum Nachteil der Zukunft des Landes nur verzögert werden. Wir müssen erst die Gewohnheit und die Einbürgerung des Militärdienstes, der deutschen Schulen, der Universität usw. für uns haben. Das Ende der sogenannten Diktatur führt zunächst unmittelbar keine Änderung mit sich, namentlich bleibt meine Wirksamkeit ungeändert; nur wird es mit der Gesetzesfabrikation langsamer weitergehen, nachdem das Notwendigste abgemacht ist."

Wenn die Entwicklung zunächst den Wünschen weiter Kreise des Landes entsprach, so sah doch Möller in der Notwendigkeit, jedes Gesetz erst dem Reichstage zu unterbreiten, eine wesentliche Verschlechterung des bisherigen Zustandes und entschloß sich, auf anderem Wege das zeitraubende Legislaturverfahren allmählich auszuschalten. Es gelang ihm, Bismarck und den Kaiser von der Notwendigkeit einer Landesvertretung mit beratender Stimme zu überzeugen, und so wurde, trotzdem sich die politische Lage durch den ungünstigen Ausfall der Reichstagswahlen und den im Reichstage vom Abgeordneten Teutsch im Namen seiner elsaß-lothringischen Kollegen gegen die Annexion verlesenen Protest erheblich verschlechtert hatte, durch kaiserlichen Erlaß vom 29. Oktober 1874 ein Landesausschuß ins Leben gerufen. Er bestand aus 30 Mitgliedern, die von den drei Bezirkstagen zu je 10 aus ihrer Mitte gewählt wurden und über alle Elsaß-Lothringen betreffenden Gesetze beraten sollten. Möller hat mit diesen ersten Landesvertretern in ersprießlichster Weise gearbeitet und bald ihr volles Vertrauen gewonnen. In fast patriarchalischer Weise versammelten sich die Ausschußmitglieder mit dem Oberpräsidenten und seinen Räten im Verwaltungsgebäude des späteren Statthalterpalastes um einen großen runden Tisch, so schon äußerlich markierend, daß hier nicht Regierung und Parlament als getrennte Körperschaften sich gegenüberstanden, sondern daß sie miteinander an der Landesgesetzgebung arbeiten wollten. Zweimal in der Woche sah Möller die Abgeordneten außerdem zum Abendessen an seinem Tische und suchte so gleichzeitig durch persönliche Fühlung gegenseitiges Verständnis und Vertrauen herbeizuführen. Wie Möller die Aufgaben und die Bedeutung dieses Landesausschusses einschätzte, darüber äußert er sich wiederholt in seinen Briefen. „Elsaß-Lothringen geht einer neuen politischen Entwicklung entgegen. Ein solches Organ ist unentbehrlich, um in der Meinung des Landes festen Fuß zu fassen. Ist dasselbe in geordnete Tätigkeit getreten und auf vernünftige Wege geleitet, so kann ich meine Aufgabe als abgeschlossen betrachten. Ich hoffe sehr Gutes von dieser Phase, verkenne aber nicht, daß meine Arbeit zunächst komplizierter wird und daß einstweilen manche Schwierigkeiten dadurch entstehen. Die gemeinsame Arbeit wird uns aber das Land mehr zuführen." Und am 10. Juli 1875, als das kleine Parlament in Tätigkeit getreten ist, äußert er sich: „Viele Vorurteile sind damit bei den Mitgliedern aufgeklärt, und wenn die Erkenntnis erst im Lande Fuß gefaßt hat, ist viel gewonnen. Die Ernte werden freilich erst meine Nachfolger einheimsen; ich begnüge mich schon, wenn die Saat zu sprießen anfängt. Mit der Einführung des Landesausschusses kann ich eigentlich meine hiesige Aufgabe als gelöst ansehen und brauche mich nicht zu genieren, mich zurückzuziehen, wenn ich dazu Anlaß habe." Aber schon einen Monat später weist er diesen Gedanken selbst zurück: „Es hat sich die Überzeugung in mir befestigt, daß ich meine Stellung in Elsaß-Lothringen nicht aufgeben kann." Schon in der nächsten Sitzungsperiode hat der Oberpräsident das Vertrauen der Landesausschußmitglieder vollständig gewonnen und sie schließen ihre Verhandlungen mit einer einstimmig gefaßten Vertrauenskundgebung.

Die brieflichen Äußerungen vom Jahre 1875 deuten darauf hin, daß sich Möller Schwierigkeiten entgegengestellt haben, die er für ernsthaft ansieht. Wenn auch die schlimmste Zeit der Liga vorüber ist und die Angriffe, welche die Protestler Winterer, Simonis und Guerber mit Unterstützung von Windthorst und Sonnemann im Reichstage gegen ihn richten, bei der politischen Einstellung der Angreifer seine Stellung in keiner Weise beim Reichskanzler erschüttern können, so ist eine Reihe von „Briefen aus dem Elsaß", die in der Augsburger Allgemeinen Zeitung im Winter 1874 unter dem Motto „Nil nimis" erschienen und 1875 in Buchform herausgegeben wurden[1]), durch die Bedeutung des nationalen Organs und die an sich deutsche Einstellung des Straßburger Verfassers um so mehr ins Gewicht gefallen, als sich die wichtigsten und vornehmsten Blätter Deutschlands mit diesen Ausführungen beschäftigten und sie unmöglich dem Reichskanzler entgehen konnten. Der Verfasser, der sich deutlich als Elsässer kennzeichnete, verstand es meisterhaft, jeden persönlichen Angriff gegen Möller zu vermeiden — der Oberpräsident wird kaum einmal genannt —, aber wenn er wirklich einmal das „Oberpräsidium" als solches nennt, so wußte jeder, daß der Oberpräsident allein der Verantwortliche war, und wenn die Elsässische Abteilung im Reichskanzleramt angegriffen wurde, so war es dieser in den meisten Fällen ein leichtes darauf hinzuweisen, daß die getadelten Maßnahmen ja gar nicht von ihr herrührten, sondern auf den Oberpräsidenten oder die ihm unterstellten Organe zurückzuführen waren. Wir sehen heute, wenn wir diese Briefe im Zusammenhang lesen, daß ganz systematisch und mit außerordentlichem Geschick die Stellung des Oberpräsidenten untergraben werden soll. So wird besonders Bismarck mit seinen verschiedenen Reichstagsreden über das Elsaß vom Mai und Juni 1871 gegen ihn ausgespielt und der Oberpräsident beschuldigt, daß er die Zusagen des Kanzlers nicht wahr gemacht habe. „Die Versprechungen Bismarcks — so möchte man glauben — gehen der Elsässischen Verwaltung viel zu weit und sie zeigt sich dann in ganz überflüssiger Angst vor ganz eitlen Gefahren in größter Strammheit."

[1]) Aus dem Elsaß. Zustände, Stimmungen und Erwartungen im Neuen Reichsland. Leipzig 1875.

Es sind Äußerungen Bismarcks, mit denen er, wie schon oben gezeigt wurde, die schrittweise staatliche Entwicklung des Landes in Aussicht gestellt hatte, je nachdem es durch sein Verhalten die Gewähr für allmähliche Zugeständnisse bieten würde. Der anonyme Schreiber stellt sie aber als bindende Zusagen hin, die sofortige Erfüllung finden sollten und macht den Oberpräsidenten für den Aufschub verantwortlich, obwohl er ganz genau wußte, daß die erfolgreiche Agitation der Liga bei der Optionsfrage, der Wahlenthaltung, der Eidesverweigerung der Bezirkstagsmitglieder, den Munizipal- und Reichstagswahlen u. a. die politische Lage schon seit Mai 1871 völlig verändert hatte. Daß es andererseits Möller war, der trotz all dieser Erfahrungen den ersten bedeutsamen Fortschritt auf dem Wege der Verfassungsentwicklung durch die Einführung eines Landesausschusses dem Lande gebracht hatte, davon ist hier nirgends die Rede. Wenn der Verfasser aber angreift, daß die französische Sprache aus der Volksschule und den Kleinkinderschulen im deutschen Sprachgebiete verbannt wird, daß die deutsche Unterrichtssprache in den höheren Schulen, den Töchterschulen und Pensionaten durchgeführt wird, so muß man zwar annehmen, daß diese Angriffe wirklich der inneren Überzeugung des noch in der französischen Tradition lebenden Verfassers entsprechen, kann aber unmöglich diese mildernden Umstände für seine Begründung gelten lassen: das Elsaß werde damit das einzige Land, wo die Verwaltung es unmöglich mache, mehrere Sprachen zu lernen. Noch mehr Kopfschütteln müssen die Angriffe des Anonymus hervorrufen, wenn er sich gegen das Verbot der französischen Ladenschilder und Straßennamen im, wohlgemerkt, rein deutschen Sprachgebiete wendet, wenn er sich beschwert, daß die Schulkinder keine Hefte mit blau-weiß-roten Umschlägen oder den Bildern verwundeter französischer Soldaten führen dürfen. Der Verfasser hat gut sagen: „diese Federn und Buketts (in französischen Farben) können doch wahrlich das Reich nicht gefährden." Wir wissen heute aus den Erfahrungen des letzten Jahrzehnts vor dem Kriege leider nur zu gut, welche Bedeutung und welche Folgen die Duldung derartiger Herausforderungen hat. Möller hatte damals die richtige Erkenntnis dafür, daß unzeitige Nachsicht, wie auch Bismarck gelegentlich sagt, im Elsaß als Schwäche gilt.

Dazu kommen dann Beschwerden, daß bis zum Jahre 1874 der von irgendeiner Seite in Aussicht gestellte Kanal von Straßburg nach Ludwigshafen noch nicht gebaut, daß die Niederlegung der Straßburger Festungswälle, die doch sehr reiflich überlegt sein wollte und nur nach Errichtung des neuen Festungsrings erfolgen konnte, für die aber unter allen Umständen nur die Militärs zuständig waren, noch nicht durchgeführt oder wenigstens in Angriff genommen sei. Auch die Nichteinführung einer der preußischen angeglichenen freieren Gemeindeverfassung, von Kontrollinstanzen für die Schulaufsicht, einer Steuerreform — alles Einrichtungen, die noch jahrzehntelanger Erwägungen und Verhandlungen bei Regierung und Landesausschuß bedurften, bis sie spruchreif wurden — wirft er dem Oberpräsidenten vor, der kaum drei Jahre im Amte tätig gewesen war und wahrhaftig genug auf organisatorischem und legislaturischem Gebiete in dieser Zeit geleistet hatte. Dann aber ist es ihm auch wieder nicht recht, daß zu viel Tätigkeit entwickelt wird: „Gesetze und Verordnungen fallen auf uns wie Hagel. Alles wird kopfüber verändert. Alles, was wir an Autonomie von früher behalten hatten und was uns Frankreich selbst gelassen hatte, wird uns weggenommen." Worin sollte wohl diese Autonomie bestanden haben?

Mehr als bedenklich sind die Äußerungen des Schreibers über die Finanzverwaltung. „Von dem unklugen und sehr freigebigen Gebahren der Verwaltung verschiedenen großen Posten des Budgets gegenüber wird schon lange im Elsaß hin und her gemunkelt." Dann spricht er über die außerordentlichen Ausgaben, die verschiedenen Dispositionsfonds usw. „Alle diese Extraordinarien belaufen sich, wie jedermann ersehen kann, auf eine hübsche Totalsumme und man muß sich nicht wundern, wenn die Elsässer, aus deren Tasche doch alle diese Summen fließen, fragen möchten, wie denn eigentlich diese außerordentlichen Ausgaben so tief ins Geld greifen können. In der ersten Zeit nach der Annexion hätte man dies begriffen, da alles neu zu begründen war; aber jetzt?"

Das sind Verdächtigungen, die der Autor zwar harmlos ausdrücken kann, die aber beim Leser ebensogut die Vorstellung von einer inkorrekten Verwendung öffentlicher Gelder zu wecken vermögen.

„Aber die Regierung handelt auch gegen Recht und Gesetz, sie geht nicht streng gesetzmäßig, ja gesetzwidrig vor". „Wie soll man dies Zwitterregiment nennen? Ist es Diktatur? Ist es Herrschaft des Gesetzes?" „Es scheint, als ob die deutsche Verwaltung vielfach der Ansicht gewesen sei, daß das Elsaß anzusehen sei als ein wildes Land, in welchem alles systematisch umgerissen und weggeworfen werden muß, um einer gänzlich neuen und spezifisch norddeutschen Pflanzung Platz zu machen."

Gewiß, Unzufriedenheit im Lande war vorhanden. Das zeigte sich besonders bei der Optionsbewegung. Wie sollte das bei einer so völligen

Umstellung, die die politischen Ereignisse herbeigeführt hatten, anders möglich sein? Jede neue Verwaltung hat mit dem offenen oder verstecktem Widerstande aller derjenigen zu rechnen, die am Alten hängen und eine Bevölkerung wäre charakterlos, wenn sie sich dem neuen Herrn jubelnd in die Arme stürzte. Sicher mußte die neue Verwaltung sich auch erst in die Landesart einleben und mochte bis dahin manche Maßnahmen treffen, die die Bevölkerung nicht angenehm berührten. Aber war nun wirklich der plötzlich so leidenschaftlich auf flackernde Widerstand ausschließlich auf Verwaltungsfehler zurückzuführen? War es nicht vor allem die Liga gewesen, die die ersten gesunden Keime eines neuen politischen Lebens zerstört hatte, die jeden Elsässer in der schmutzigsten Weise in seiner persönlichen Ehre angriff, der sich mit der deutschen Regierung, sei es als Berater, sei es als Beamter einließ. Aber gerade die Erfolge der Liga waren nach den Ausführungen des Verfassers ein Produkt der Unzufriedenheit über die Mißregierung. „Die Bevölkerung hat bis in die letzten Tage noch entgegenkommende Schritte getan und öfter die Hand geboten, um ein besseres Verständnis anzubahnen." „Steht es einmal fest, daß das Elsaß sich nicht, wie man behauptet, gleich zu Anfang in der Proteststimmung befand, daß es sich in die neue Lage zu schicken wußte, daß seine Unzufriedenheit aber sich nur allmählich entwickelte, dann wird es wohl keines weiteren Beweises mehr bedürfen, um zu zeigen, daß die Verwaltung nicht nur keinen heilbringenden und versöhnenden Einfluß auf die Bevölkerung ausübte, sondern daß es ihr einseitiges oder unvorsichtiges oder unpolitisches oder diktatorisches Auftreten war, was das Land aus seinem Unmut nicht heraus kommen ließ, diesen aber im Gegenteil noch verstärkte." Ja, noch mehr. Der Regierung und Verwaltung ist nach den Ausführungen des Schreibers durch ihr „den Ratschlägen und Meinungen des Reichskanzlers entgegengesetztes Auftreten daran schuld", „daß die Liga plötzlich ihre große Macht gewann und sofort ihr blindes, leidenschaftliches Spiel anfangen konnte".

Nun hat Bismarck die „Ratschläge und Warnungen" (sc. an die deutsche Verwaltung), auf die der Verfasser des öfteren zu sprechen kommt, erst in seinen Reichstagsreden im Mai und Juni ausgesprochen. Das erste Blatt der Liga ist aber bereits am 1. März 1871 erschienen und die weiteren folgen in den nächsten Monaten Schlag auf Schlag! Ganz abgesehen davon, daß die deutsche Regierung nicht wohl schon vor dem Friedensschluß eine Landesvertretung — darauf laufen die Forderungen der anonymen Artikel in erster Linie hinaus — berufen konnte, wie sollte sie Mahnungen und Warnungen nicht berücksichtigt haben, die noch gar nicht ergangen waren. Mit dieser haltlosen Unterstellung charakterisiert sich der Schreiber in seinen Absichten auf das deutlichste. Aber ganz offen tritt die Tendenz der Angriffe hervor, wenn der Schreiber alle die Ressorts in ihrer Verwaltungstätigkeit lobt, mit denen Möller nichts zu tun hatte, so die Reichseisenbahn, die Reichspost und — besonders bezeichnend — die Justizverwaltung, die direkt dem Reichsjustizamte unterstand. Was er bei den dem Oberpräsidenten unterstehenden Abteilungen auf das heftigste angreift, die Höhe der Beamtengehälter, die zu große Zahl der Beamten, das Vorherrschen des Preußentums, trifft genau so bei der Justizabteilung zu, ja, hier dürfte gerade eine besonders große Zahl preußischer Richter aus der Rheinprovinz wegen ihrer Kenntnis des Code Napoléon angestellt gewesen sein. „Aber selbst die hartnäckigsten Feinde der jetzigen Lage der Dinge lassen diesen Verwaltungszweigen große Anerkennung angedeihen und ich wüßte nicht, daß sich eine Stimme erhoben hätte, sie zu tadeln."[1])

Was den Schreiber zu all diesen Angriffen sicher mit veranlaßte, das verrät er trotz aller Vorsicht an verschiedenen Stellen. Es beschwert sich, daß „sachkundige Elsässer nicht zu Besprechungen zugezogen werden". Er beklagt es, daß die neuen Beamten sich nicht „nach denjenigen umsehen, die ihnen Aufschluß hätten geben können über Land und Leute, über Sitten und Gebräuche wie über herkömmliche Rechte und die ihnen mit guten Ratschlägen hätten zur Seite stehen können". Sollte sich der Schreiber nicht selbst in erster Linie zu den zurückgesetzten und vernachlässigten landeskundlichen Ratgebern gerechnet haben? Jedenfalls wußte er doch, wie sehr sich Möller bemühte, persönliche Fühlung mit Elsässern, denen er vertrauen zu dürfen glaubte, beispielsweise mit Klein, Köchlin, Zorn-Bulach, zu halten und wie weit ihm das auch gelungen war. Aber er kennzeichnet sich selbst auf das deutlichste, wenn er sagt: „Fänden vorläufige Besprechungen und Verständigungen mit sachkundigen Elsässern statt, so wäre diesem Übelstande (verfehlte Gesetzgebung usw.) leicht abzuhelfen. Aber so wie die Sachen stehen, werden diese Sachkundigen, die gute Ratgeber hätten sein können . . . recht unangenehme und unbequeme Tadler werden." Das ist eine

[1]) Es ist sehr charakteristisch für die Tendenz des Verfassers, daß diese Ausführungen sich in der Allgemeinen Zeitung noch nicht finden und erst in der später (1875) erschienenen Buchausgabe erscheinen.

versteckte Drohung, die ja in den Artikeln der Allgemeinen Zeitung und der Buchausgabe schon Wirklichkeit geworden war.

Es kommt darauf an, zu wissen, wer der Anonymus ist. Zur Autorschaft hat sich später August Schneegans in seinem vom Sohne 1904 herausgegebenen Buche „Memoiren, ein Beitrag zur Geschichte des Elsasses in der Übergangszeit" bekannt. Aber schon 1875 hat er in einem Exemplar seiner damals in Buchform erschienenen „Briefe", das mir vorliegt, den Schleier gelüftet. Da steht handschriftlich auf der ersten Seite: „Herrn Dr. Löwe-Calbe, Reichstagsabgeordneter, hochachtungsvoll gewidmet vom Verfasser A. Schneegans." Und diesen Politiker hatte Möller allerdings nicht als Berater zugezogen, weil er seiner Vergangenheit wegen kein Vertrauen zu ihm zu fassen vermochte. Er war vor dem Kriege Redakteur des niederrheinischen Kuriers in Straßburg gewesen. Dann war er nach der Kapitulation Straßburgs nach der französischen Schweiz gegangen mit der Absicht, sich als Schweizer naturalisieren zu lassen. Bevor er aber diese Absicht durchführte, hatte er ein deutschfeindliches Blatt, „La Helvétie", gegründet, das im Elsaß Verbreitung fand. Im Februar 1871 hatte er sich dann im Elsaß als Abgeordneter für die französische Nationalversammlung wählen lassen und am Protest von Bordeaux gegen die Abtretung des Elsaß teilgenommen. Er kehrt nach der Schweiz zurück, gibt aber seine Naturalisationsabsichten auf, als ihm in Lyon die Leitung einer republikanischen, scharf deutschfeindlichen und auf Revanche eingestellten Zeitung angeboten wird. Jetzt agitiert er für Frankreich. Differenzen mit dem Besitzer des Blattes führen zu seiner Entlassung und nun war er im Jahre 1873 wieder in Straßburg erschienen, um sich dort nach einer Stellung umzusehen. Da sich seine Verhandlungen über einen Redakteurposten beim Elsässer Journal zerschlagen hatten, verdiente er sich zunächst seinen Lebensunterhalt als Korrespondent für verschiedene Blätter. Er schrieb für die Frankfurter Zeitung und die Neue Badische Landeszeitung in Mannheim. „Ich hatte die Empfindung, sagt er selbst, daß es sich bei diesen Blättern um einen recht oberflächlichen Republikanismus handelte. Diese Leute beseelte vor allem der Haß gegen Bismarck. Übrigens war für uns die Hauptsache, daß diese Zeitungen uns ihre Spalten öffneten. Mehr verlangten wir nicht." Aber er sah bald, daß seine Artikel in diesen Zeitungen der oppositionellen Richtung keine große Wirkung ausübten, und so versuchte er, an national eingestellte Zeitungen heranzukommen. Das gelang ihm schon 1874 durch einen persönlichen Besuch bei der Leitung der Augsburger Allgemeinen Zeitung.

Nachdem auf Fürsprache seiner elsässischen Freunde und besonders Kleins, die deutsche Regierung schon 1874 sein Naturalisationsgesuch als Deutscher genehmigt hatte, übernahm er im Oktober 1875 die Redaktion des autonomistisch und relativ deutschfreundlich eingestellten Elsässer Journals, dessen geistige Leiter Klein und Fischbach ständige Beziehungen zu Möller, insbesondere auch durch Vermittlung des dem Oberpräsidenten sehr nahe stehenden Universitätssekretärs Dr. August Schricker unterhielten. War es schon merkwürdig gewesen, daß Schneegans anonym dieselbe Regierung bekämpft hatte, der er trotz seiner wechselvollen Vergangenheit die Rückkehr in das Vaterland verdankte, so wurde seine Zwitterstellung doch noch viel bedenklicher, als er sich in Übereinstimmung mit seinem Freund und Förderer Klein nun zwar rückhaltlos auf den Boden der Tatsachen stellte und sogar mit den nationalen Parteiführern des Reichstags Fühlung suchte, diese Beziehungen aber benutzte, um die Stellung des Mannes weiter zu erschüttern, der im engen Einvernehmen mit Klein und dessen Parteifreunden als erster den Autonomiegedanken des Elsaß klar ins Auge gefaßt hatte und unentwegt weiter verfolgte den Oberpräsidenten Eduard von Möller.

Durch den konservativen Regierungspräsidenten Herrn von Patow in Merseburg, der mit Schneegans' Schwiegervater, dem Straßburger Professor der Theologie Dr. Bruch in freundschaftlichen Beziehungen stand, war er mit einigen Politikern bekannt geworden und hatte Empfehlungen an den Staatssekretär von Hofmann und den Abgeordneten Lucius erhalten. Wohl durch Vermittelung des letzteren wurde er mit Löwe-Calbe bekannt und mit dessen Hilfe kam er nun schnell mit zahlreichen Führern der Nationalliberalen und der Fortschrittspartei in Beziehung. So trifft oder besucht er Stauffenberg, Bamberger, Duncker, Siemens, Dernburg und andere. Sie kennen ihn bereits aus den Straßburger Briefen, als deren Verfasser er sich wohl auch anderen als Löwe-Calbe gegenüber bekannt hatte[1]), und er spinnt nun denselben Faden weiter wie in seinen Briefen, nur mit dem größeren Nachdruck, den seine Persönlichkeit der Sache verlieh. Wer den hochgewachsenen schönen Mann mit den blauen Augen und dem blonden germanischen Vollbart sah und die scheinbar so sachlichen Ausführungen mit der scharfen Kampfstellung gegen die Liga und den Protest gelesen hatte und hörte, gewann

[1]) „Die Herren scheinen mich alle von meiner journalistischen Tätigkeit zu kennen."

bald Vertrauen zu ihm und war der festen Überzeugung, daß er nun endlich einmal im Gegensatz zu den bisherigen Beamtenberichten und unkontrollierbaren Zeitungsartikeln wirklich Authentisches über die Lage in Elsaß hören konnte. Sein Leitmotiv ist etwa: „Wir opponieren nicht gegen Herrn Herzog, sind aber ebensowenig die Partei des Herrn von Möller." „Der Herr Oberpräsident verwaltet zwar sein Amt in zufriedenstellender Weise, aber es sind nicht die Personen, sondern die Dinge, die ich im Auge habe."

Und nun kommen die Argumente der Briefe aus dem Elsaß und Redensarten allgemeiner Art. Schneegans ist bei Bamberger eingeladen und findet dort auch die Herren v. Stauffenberg, Marquardsen, Dernburg u. a. „Wir sehen wohl," sagten sie mir, „daß der Landesausschuß irgendwo sagt[1]), daß Elsaß-Lothringen mehr und schlechter verwaltet wird als ehemals und wir sind sicher, daß dem so ist, aber diese Bemerkung ist zu unbestimmt, wir müssen zuerst Fakta vor uns haben. Die Bemerkungen des Landesausschusses sind die einzigen Dokumente, die wir über das Elsaß haben; wir haben keine Zeit, die Presse zu verfolgen und glauben auch, daß sie wegen des § 10 oft in Verlegenheit gerät, wenn sie die Fehler der Verwaltung kritisieren will. Diese Fehler existieren aber, es werden viele begangen (merke wohl auf: es sind hier Bamberger und Stauffenberg, welche reden), wir haben aber kein Material hier, keine präzisen Anweisungen.... Wir wissen, daß Sie berechtigte Klagen zu erheben haben. Aber wir haben keine anderen Fakta als die von den Klerikalen vorgebrachten und es ist recht natürlich, daß wir uns dieser ultramontanen Schilderhebung gegenüber auf der Reserve halten ... Wir wollen Ihr Budget ... mit größerer Strenge studieren, als der Landesausschuß es getan hat.... Wir glauben, daß der Landesausschuß sich dem Oberpräsidenten gegenüber in Verlegenheit befinden muß. Die Stellung dieses Herrn wollen wir nicht erschüttern, wir meinen aber, daß er Fehler begangen hat, die unseren Interessen zuwiderlaufen. Man wirft hier dem Landesausschuß vor, daß er sich zu sehr mit dem Oberpräsidenten identifiziert und seiner Verwaltung nicht mit genügender Kritik gegenüber tritt. Man ist geneigt, von dieser Körperschaft anzunehmen, daß sie zu sehr die Interessen des Oberpräsidenten vertritt und sich nicht

[1]) Wo er das sagt, verrät Schneegans nicht. In den Verhandlungen steht es nicht und eine Veranlassung zu derartigen Äußerungen lag für ihn um so weniger vor, als er, wie Schneegans selbst immer wieder bestätigt, in den allerbesten, für Schneegans sogar zu guten Beziehungen zum Oberpräsidenten steht.

genügend darum kümmert, die sehr berechtigten Klagen der Bevölkerung vollständig dem Reichstag zu übermitteln . . ."

„Aufgefallen ist mir, daß die Herren immer wieder betonen, der Landesausschuß müsse sich energischer zeigen, strenger der lokalen Verwaltung gegenüber."

Dann besucht Schneegans Lasker. Dasselbe Lied. „Lasker ist ganz und gar unser Freund, unser Verbündeter. Merkwürdig. Auch er spricht vom Landesausschuß und seiner Haltung dem Oberpräsidenten gegenüber. Da ist jedenfalls ein Punkt im Spiel, den wir nicht kennen. Man hat den Landesausschuß als einfaches Werkzeug des Oberpräsidenten geschildert, der nicht wagte oder den Willen hätte, ihn genügend zu kritisieren. Er empfiehlt uns sehr, alle geeint vorzugehen."

Nicht anders ist der Verlauf der Unterredung mit Lucius, „dem Intimus Bismarcks", bei dem er auch einige konservative Abgeordnete trifft. „Ich habe ihnen die Situation auseinandergesetzt und gesagt: so kann es nicht weitergehen. Man hat den Rock schief zugeknöpft usw. Ich habe sie auf die zahlreichen Verwaltungsmaßregeln hingewiesen, welche die Bevölkerung kränken. Herr Lucius antwortete, daß ihm das alles sehr auffalle, man habe in Deutschland keine Ahnung davon, ich müßte es Bismarck sagen."

Auch mit Duncker hat er gesprochen. „Er ist wütend über die Dummheiten, die man bei uns begeht . . . Seit einigen Tagen habe ich das Gefühl und Duncker teilt es auch: die lokale Verwaltung macht sich über uns lustig und schwindelt uns alles Mögliche vor. Die vexatorischen Maßregeln, über die wir uns beklagen, gehen nicht von Berlin aus, sondern vom Oberpräsidium. „Man spielt ein falsches Spiel mit Ihnen. Seien Sie auf der Hut."

Merkwürdig, mehr als merkwürdig. Lucius, der Freund Bismarcks, soll einem unbekannten Elsässer mit einer für den deutschen Beurteiler nicht einwandfreien Vergangenheit vor einem Oberpräsidenten, der das höchste Vertrauen des Kaisers und Kanzlers besitzt, warnen, die Männer der elsässischen Verwaltung gewissermaßen als Schwindler und Betrüger hinstellen?

Deutsche Reichstagsabgeordnete, Vertreter nationaler Parteien, bis in die Reihen der Konservativen, sollen darüber Beschwerde führen, daß sich im neu gewonnenen Reichslande Regierung und Landesausschuß, der nicht etwa vom Oberpräsidenten ernannt, sondern von den Elsaß-Lothringern selbst frei gewählt ist, zu gut verstehen! Sie sollen Beschwerde über Fehler der Regierung führen, die sie, wie sie offen sagen, gar nicht kennen. Und wer soll diese Männer so hypnotisiert haben, daß sie wie fromme Mönche einfach glauben, auch was sie nicht verstehen, daß sie beschuldigen, ohne Tatsachen für ihre Beschuldigungen zu haben? Wer kennt denn damals das Elsaß so genau und ist gleichzeitig in einer Stellung um auch ohne Beweismaterial bei politisch hochstehenden Männern für seine Behauptung Glauben zu finden? Der einzige wäre Herzog. Aber nun und nimmer hat dieser zugeknöpfte Bureaukrat den Weg zu linksliberalen und fortschrittlichen Abgeordneten gefunden und noch weniger werden diese Männer von einem Mitglied der Regierung, das selbst Partei ist, sich solche Dinge in die Ohren blasen lassen. Schneegans sagt selbst, „daß diese Reichstagsabgeordneten nicht die Freunde von Herzog sind". Nein, es bleibt nur eine Annahme übrig: Schneegans selbst ist die Quelle, aus der diese Kunde fließt. Er erzählt uns, daß ihm Duncker und andere gesagt haben: „Von all den Dingen, die Sie uns berichten, wissen wir gar nichts." Ein andermal erwähnt er aber, daß die Herrn seine Zeitungsartikel kennen. Er läßt aber auch in seinen Briefen an Klein des öfteren die Maske fallen. Über die Unterredung mit den Konservativen sagt er: „Ich habe ihnen die Situation auseinandergesetzt und gesagt: so kann es nicht weiter gehen."

Dann überbringt er Stauffenberg das Beschwerdematerial wegen Verbots der französischen Versicherungen im Elsaß, das Möller erlassen hatte[1]) und das ihm sein Freund Kablé, der Generalagent dieser Versicherungen, übersandt hatte. Da dürfen wir wohl ohne weiteres annehmen, daß er sich den nationalliberalen und fortschrittlichen Kreisen gegenüber nicht anders verhalten hat und daß er von ihnen Bestätigungen der eigenen Beschuldigungen herauszuhören glaubt oder ihnen Äußerungen suppeditiert, die lediglich die eigenen Vorwürfe gegen die Straßburger Regierung wiedergeben.

Wie dem aber auch sei. Das eine steht fest: Gegen die Verwaltung Möllers und damit auch gegen die verantwortliche Persönlichkeit selbst hat er sie in entschiedenster Weise einzunehmen gewußt.

Aber auch zum Staatssekretär von Hofmann und dem Direktor der elsässischen Abteilung Herzog findet Schneegans den Weg und die offene Tür. Der fortschrittliche Abgeordnete Bankdirektor Siemens hat ihm geraten, zu diesen zu gehen, aber von vornherein zu sagen,

[1]) Möller hatte die französischen Versicherungsgesellschaften verboten, weil er mit Recht annehmen durfte, daß ihre Agenten zum großen Teil die Geschäfte der Liga mit besorgten.

daß seine Partei nicht unter dem Einfluß des Herrn von Möller stehe. Bei Herzog ist er zuerst. Dieser macht ihm durchaus keinen angenehmen Eindruck. Er ist ein „kalter, eitler, ehrgeiziger Mann, der vor allem steigen will". Bei seinen bekannten Bestrebungen, die elsaß-lothringische Regierung in Berlin zu zentralisieren, hält er ihn für besonders gefährlich gegenüber dem Gedanken einer Personalunion, wie sie Schneegans mit seinen Freunden propagiert, und verschweigt ihm deshalb seine Absichten. Er versichert ihm aber, daß er durchaus nicht gegen ihn persönlich opponiere, wenn er derzeitige elsaß-lothringische Zustände angreife. Um so offener soll sich nun Herzog geäußert haben: „Von uns aus soll gar nichts in Elsaß-Lothringen geändert werden, nur soll der Oberpräsident nicht mehr Rechte bekommen. Sie brauchen sich wegen einer Zentralisation gar nicht zu echauffieren. Er ließ ziemlich deutlich verstehen, daß die ganze Agitation von Möller ausgehe, der die öffentliche Meinung irregeleitet hatte." Sollte der verschlossene Staatsmann wirklich derartige Äußerungen einem Manne gegenüber haben fallen lassen, den er zum ersten Male sieht und dessen Vergangenheit er doch sicher kennt? Äußerungen über einen hohen Beamten im aktiven Dienste? Mochte er noch so schlecht persönlich mit Möller stehen, es ist fast undenkbar, daß im damaligen preußischen Beamtenstaat das möglich war. Ist er aber wirklich so unvorsichtig gewesen, dann hatte der kluge Schneegans sofort gesehen, daß er in seinem persönlichen Kampfe gegen Möller in Herzog den besten Verbündeten hatte, wenn er auch sachlich auf dem Gebiete der elsässischen Politik Herzogs entschiedener Gegner sein mußte. Von hier ist Schneegans zu Hofmann gegangen, dessen süddeutsche Art ihm ungleich mehr zusagt. Mit ihm kann er viel offener sprechen. „Die Elsässer", so führt er aus, „fürchten vor allem die Zentralisation der Regierung in Berlin, wie sie Herr Herzog mit der elsässischen Abteilung betreibt. Wir verlangen keine Republik, aber warum können wir nicht eine Personalunion mit der Kaiserkrone haben?" „Ja," sagt Hofmann, „das wäre allerdings ein Weg und der geeignetste." Der Staatssekretär schlägt dann von sich aus den Kronprinzen als Statthalter oder als Fürsten vor. „Ob Kronprinz oder Kaiser", erwidert Schneegans, „das ist uns Elsässern einerlei."

Wenn man all diese Unterredungen des Elsässer Politikers zusammenfaßt, so ergibt sich eine vollkommene sachliche Übereinstimmung seiner politischen Auffassung mit der Möllers über die zu erstrebende Zukunft des Landes. Beide sind entschlossene Gegner der Zentralisierung der Verwaltung in Berlin. Um so deutlicher tritt hervor, daß es lediglich persönliche Gründe sein können, die Schneegans den erbitterten Kampf gegen Möller führen lassen.

Wenn Schneegans als Gegner an Gefährlichkeit Herzog mindestens gleich steht, so hat der Oberpräsident zunächst doch die Bedeutung seines elsässischen Widersachers nicht voll erkannt und empfindet ungleich mehr die Hemmungen, die von der elsaß-lothringischen Abteilung gegen seine Amtsführung und Landespolitik ausgehen. Hier hatten die Schwierigkeiten, die vom ersten Tage seiner elsaß-lothringischen Tätigkeit durch die unglückliche Zwitterform der Verwaltung und Regierung bestanden, schon bald eine persönliche Wendung bekommen. So klagt Möller schon am 12. Januar 1872 über die Erschwerung seiner Tätigkeit durch bureaukratische Maßnahmen: „Mit Berlin komme ich leider nicht vorwärts, was dahin geht, kommt gar nicht oder verstümmelt wieder." Und drei Monate später: „Heute ärgerte ich mich über die Leute in Berlin, die mir wieder allerhand Hindernisse in den Weg legen. Es gehört viel Selbstverleugnung dazu, dabei geduldig zu bleiben und nicht Situationen herbeizuführen, die schließlich zum Bruch führen." „Ich habe an Delbrück geschrieben, das könne nicht so weiter gehen."[1]) Und am 10. Juli wird er noch schärfer. Er nennt die Berliner „aufgeblasene kleine Leute, die nur die Bedienten von Bismarck spielen, sonst aber geschwollen sind wie der Frosch, der ein großes Tier sein wollte". Wenige Monate später kommt schon eine persönliche Spitze in diese Äußerung der Mißstimmung. Herzog ist in Straßburg gewesen, um sich persönlich über das Elsaß zu informieren. Möller ist wenig erfreut über den Besuch und charakterisiert seinen Gast, ähnlich wie Schneegans, als einen „manirierten, doktrinären, eingebildeten Menschen". Im Juni 1874 ist die Spannung mit der Berliner Abteilung so gestiegen, daß Möller aus Gründen, die aus seinem Briefe nicht ersichtlich sind, die Kabinettsfrage stellt. Der Reichskanzler entscheidet für Möller und ermöglicht ihm zu bleiben. Aber der Konflikt ist damit nicht beseitigt. Wieder kommen Klagen Möllers, und im August 1875 überlegt er aufs neue, ob er sein Amt nicht niederlegen und nach Cassel zurückgehen soll. „Es hat sich aber doch die Überzeugung in mir befestigt, daß ich meine Stellung in Elsaß-Lothringen nicht aufgeben darf. Ich habe dort eine historische Mission,

[1]) Siehe das Schreiben in Anlage 4.

der ich eine behagliche Existenz zum Opfer bringen muß." Es ist stets die Gegnerschaft Herzogs, der immer mehr versucht, sich selbst an Möllers Stelle zu setzen und die Straßburger Verwaltung zu einer der Berliner Abteilung unterstellten Behörde herabzudrücken. Um aber zu seinem Ziele zu kommen, bedarf es organisatorischer Änderungen in der elsaß-lothringischen Verfassung, und es gelingt ihm, Bismarck von den ursprünglichen Richtlinien seiner elsaß-lothringischen Politik abzudrängen und ihn für eine völlige Zentralisierung der reichsländischen Verwaltung in Berlin zu bestimmen. Daß die allmählich entstehende Entfremdung zwischen Möller und Bismarck diesen Plan begünstigt hat, ist nicht zu verkennen.

Mit Bismarck und vor allem mit dem Kaiser hatte Möller über die Grundauffassung seiner Aufgabe bis 1875 noch übereingestimmt, wenn es auch an einzelnen sachlichen Differenzen mit dem Kanzler nicht gefehlt hatte. Der alte Kaiser aber hatte ihm sein volles Wohlwollen unveränderlich erhalten und befahl ihn, wenn er in Baden-Baden alljährlich zur Kur weilte, wiederholt zu sich. Bismarck sah diese Besuche, mit denen sich naturgemäß unmittelbare Vorträge und Berichte verbanden, nicht gern. Trotzdem hatte die Verstimmung oder der Unwille des Kanzlers zu keiner dauernden Trübung in den Beziehungen zu Möller geführt, und er hatte sogar auf Möllers Anregung selbst veranlaßt, daß der Kaiser als König von Preußen dem Oberpräsidenten am 13. März 1875 eine der preußischen Bundesratsstimmen übertrug. Wenn damit der schon von der Notabelnversammlung im April 1871 ausgesprochene Wunsch auf Vertretung Elsaß-Lothringens im Bundesrat auch nicht erfüllt war, so sah man es doch im Elsaß als einen wesentlichen Fortschritt an, daß der Oberpräsident wenigstens persönlich im Bundesrat Sitz und Stimme hatte; auch Möller legte großen Wert auf dieses Zugeständnis, das ihm und damit gewissermaßen auch dem Lande gemacht war. Es war bei der außerordentlich großen Schwierigkeit der Regelung gerade dieser Frage zurzeit die einzige Möglichkeit für das Land, wenigstens indirekt im Bundesrat vertreten zu sein. Möller sagt in einem Briefe vom 13. März: „Der Kaiser hat mich zum Bundesratsbevollmächtigten ernannt; daß ich infolgedessen öfter nach Berlin muß, ist nicht bequem, für Elsaß-Lothringen aber nützlich." So hatte er schon bald Gelegenheit, für die Universität Straßburg einen jährlichen Reichszuschuß von 400000 Mark zu erwirken. Aber wenn so nach außen hin von Unzuträglichkeiten nichts hervortrat, so verschlechterte sich doch zusehends die Stellung des Kanzlers zum Oberpräsidenten. Sachliches und Persönliches lag der Spannung zugrunde. Die ständigen Konflikte mit der Elsaß-Lothringischen Abteilung waren Bismarck naturgemäß äußerst lästig, dann aber war das alte Vertrauen in die Straßburger Amtsführung des Oberpräsidenten vielleicht schon durch die Briefe der Augsburger Allgemeinen Zeitung erschüttert. Ob das Angebot eines preußischen Ministerpostens, das der Kanzler 1875 an Möller richtete[1]), mit aus der Absicht entstand, die unbequemen Reibungen durch eine ehrenvolle Entfernung Möllers aus dem Straßburger Amte zu beseitigen, möge dahingestellt bleiben; jedenfalls besagte es nicht, daß Möller als Verwaltungsbeamter das Vertrauen des Kanzlers überhaupt verloren hatte. Aber der persönliche und sachliche Gegensatz trat Ende des Jahres unzweideutig hervor, als Möller das von einem gewissen Thiel, einem Altdeutschen, geleitete Straßburger Blatt „Das Neue Straßburg" auf Grund des Diktaturparagraphen verboten hatte. „Das Blatt", so sagt Möller[2]), „suchte Elsässer und Altdeutsche untereinander zu verhetzen und die Verwaltung auf das Gehässigste zu diskreditieren. Die Elsässer begriffen gar nicht, wie man, mit den Mitteln in der Hand, das Blatt zu unterdrücken, so etwas dulden konnte." Ob es angezeigt war, hier den ominösen Paragraphen, dessen Anwendung lediglich bei einer Gefahr für die öffentliche Sicherheit vorgesehen war, in Kraft zu setzen, mag mehr als zweifelhaft erscheinen, und es macht den Eindruck, daß Möller aus persönlichen Gründen sich zu einer Übereilung hatte verleiten lassen. Thiel hatte nämlich eine Möller nahestehende vornehme Dame in unflätiger Weise wegen ihrer Beziehungen zum Oberpräsidenten, die, wie der Briefwechsel ergibt, rein freundschaftlicher Art waren, auf der Straße beschimpft. Jedenfalls griff Bismarck diesen Vorfall, dessen eigentliche Veranlassung ihm nicht unbekannt geblieben war, auf, um in einem sehr energisch gehaltenen Schreiben Möller seine Mißbilligung zum Ausdruck zu bringen.[3]) Daß er den Oberpräsidenten veranlassen wollte, seine Maßnahme im Reichstage selbst zu vertreten, mußte für diesen, ganz abgesehen von seiner Scheu vor öffentlichem Reden, gerade in diesem Falle, wo er persönlich engagiert war, doppelt peinlich sein. Wenn es nun auch, da die erwartete Interpellation ausblieb, zu weiteren Folgerungen nicht kam,

[1]) Nach Möllers Denkschrift. Näheres darüber konnte ich nicht feststellen.

[2]) Denkschrift.

[3]) Siehe Anlage 5.

so gab doch schon wenige Monate später Möllers milde Handhabung des Naturalisationsverfahrens gegenüber zurückkehrenden Optanten dem Kanzler neue Veranlassung, scharf gegen Möller Front zu machen. In einem Schreiben vom 26. Februar 1876 führte der Kanzler aus[1]), „daß, wenn Möller nach Lage der Gesetze und der Streitfrage mit der Militärverwaltung leider hätte recht gegeben werden müssen, so teile er doch seine Ansicht, daß es nützlich sei, die Rückwanderung der Optanten zu erleichtern, durchaus nicht. Dieselben seien vielmehr als Feinde anzusehen und ihre Naturalisationsanträge in der Regel zurückzuweisen".

Schlag auf Schlag folgten nun unangenehme Verfügungen, die im einzelnen nicht weiter angeführt zu werden brauchen. Aber schon Ende 1875 hatte sich der Konflikt mit der Elsaß-Lothringischen Abteilung zu Folgerungen entwickelt, die tief in die elsaß-lothringische Verfassungsfrage einschnitten und schließlich notwendigerweise zu Möllers Entfernung aus Straßburg führen mußten.

Im November äußerte Bismarck mündlich Möller gegenüber, er bedürfe der Geschäftserleichterung und wolle sich von Elsaß-Lothringen losmachen. Wenn Möller wolle, so könne er Minister für Elsaß-Lothringen werden. Möller fragte darauf, ob er dann ständig in Berlin sein müsse oder die Geschäfte in Straßburg führen könne. Bismarck verlangte unbedingt ständige Anwesenheit in Berlin. Möller machte dagegen geltend, daß Elsaß-Lothringen nicht von Berlin aus verwaltet werden könne und lehnte die Annahme der Stellung ab; er wurde aber von Bismarck aufgefordert, schriftliche Vorschläge zu einer Neuordnung zu machen.[2]) Am 28. Dezember hat Möller seinen Bericht erstattet. Er beleuchtet die bestehenden Zustände und Gegensätze so scharf, daß ich ihn im Wortlaut folgen lasse.

Straßburg, den 28. Dezember 1875.

Ew. Durchaucht haben mich mündlich beauftragt, Ihnen Vorschläge zur Vereinfachung der Verwaltung von Elsaß-Lothringen nach oben zu machen.

Ich glaube annehmen zu können, daß, ohne daß man den Rahmen der bestehenden gesetzlichen Organisation zu verlassen braucht, die zweckmäßigste Vereinfachung zur Entlastung Sr. Majestät des Kaisers und Ew. Durchlaucht erzielt werden wird, wenn die Ministerverantwortlichkeit des Reichskanzlers auf die kaiserlichen Erlasse beschränkt, dagegen der Umfang der Ministerialbefugnisse des Oberpräsidenten gesichert und erweitert und das Ressort der kaiserlichen Erlasse enger umgrenzt wird.

---

[1]) Denkschrift.

[2]) Ebenda.

Die französische Verwaltungsgesetzgebung, welche der Verwaltung von Elsaß-Lothringen noch lange zugrunde liegen wird, kennt zwischen dem Ressort des Präfekten und dem des Staatsoberhaupts nur das Ressort der Minister, und dieses ist mir im allgemeinen übertragen worden. Das Reichskanzleramt respektiert aber diese Übertragung nicht. Mehrfach sind mir Beschränkungen meiner Ministerialbefugnisse ausdrücklich auferlegt worden, und das Reichskanzleramt geriert sich in Einzelfällen als obere Instanz, fordert Bericht und gibt Entscheidungen, wozu es gesetzlich keine Qualität hat. Sodann ist in neueren Gesetzen vielfach die Instanz des Reichskanzlers geschaffen, wozu m. E. die Instanz des Oberpräsidenten ausreichen würde. Soll die Verantwortlichkeit des Reichskanzlers klar bezeichnet und dem Oberpräsidenten die richtige Stellung gegeben werden, so muß die selbständige Einmischung des Reichskanzleramtes aufhören, und es müssen die in neueren Gesetzen dem Reichskanzler auferlegten Pflichten thunlichst auf den Oberpräsidenten delegiert werden.

Die ausgedehntere Anwendung des § 18 des Gesetzes vom 30. Dezember 1871 (Übertragung von Befugnissen des Staatsoberhaupts) habe ich schon öfters vergeblich beantragt. Se. Maj. der Kaiser und Ew. Durchlaucht werden daher noch viel mit Dingen behelligt, welche sonst in Deutschland in Provinzialinstanzen abgemacht werden.

Wollen Ew. Durchlaucht auf diese Vorschläge eingehen, so werde ich nicht verfehlen, die nöthigen Spezialvorlagen zu machen. Aus der Ausführung wird sich ohne Zweifel ergeben, daß eine besondere Abtheilung für Elsaß-Lothringen im Reichskanzleramte entbehrlich sein wird. Ich würde dieses für einen Gewinn halten. Die Abtheilung wurde in der Absicht errichtet, die drei Bezirke von Berlin aus zu verwalten. Damit wäre ihr gewissermaßen die Funktion eines Ministeriums zugefallen. Nachdem jene Absicht aufgegeben und ein Oberpräsident mit Ministerialbefugnissen eingesetzt war, blieb für gleiche oder höhere Befugnisse des Reichskanzleramts kein regelrechter Raum mehr; da aber dennoch die Abtheilung für Elsaß-Lothringen bestehen blieb, so suchte sie sich im Sinne ihrer Gründung geltend zu machen, was notwendig zu Kollisionen führen muß. Elsaß-Lothringen kann nicht von Berlin aus verwaltet werden; die oberste Landesbehörde kann Ministerialbefugnisse nicht entbehren; das stärkere Bindeglied des Reichslandes zum Reiche ist vollständig dadurch gegeben, daß der Reichskanzler nach wie vor alle kaiserlichen Erlasse kontrasigniert. Die dortige Bearbeitung derselben wird nur geringe Hilfskräfte erfordern, da hier auch in der Form alles so vorbereitet werden kann, wie Ew. Durchlaucht es brauchen wollen.

Der Oberpräsident von Elsaß-Lothringen
gez.: von Möller.

Wie zu erwarten war, lehnt Bismarck Möllers Vorschläge ab. Sein Schreiben vom 4. Januar 1876 lautet:

Eurer Exzellenz gefälligen vertraulichen Bericht vom 28. vor. Mts. und Jahres wegen Änderung der Zentralverwaltung von Elsaß-Lothringen habe ich erhalten.

Die in demselben angedeuteten Vorschläge kann ich mir nicht aneignen. Ich weiß, daß Seine Majestät der Kaiser eine Einrichtung nicht genehmigen würden, welche für Allerhöchstdieselben die Möglichkeit ausschlösse, jederzeit den mündlichen Vortrag des Ministers für Elsaß-Lothringen zu befehlen und entgegenzunehmen, und ich selbst würde die mir gesetzlich obliegende Verantwortlichkeit für die Verwaltung des Landes wohl nicht tragen können, wenn ich auf den unmittelbaren persönlichen Verkehr mit meinem Vertreter verzichten müßte. Denn wenn ich auch dem letzteren die laufenden Geschäfte mit Ausnahme der wichtigeren, zur Allerhöchsten Entscheidung gelangenden Angelegenheiten überlassen würde, so müßte ich mir doch vorbehalten, in diese Geschäfte eingreifen zu können, sobald ich dazu eine Veranlassung erkenne. Ich habe deshalb bei meinen Äußerungen im Reichstage und bei meiner Unterhaltung mit Eurer Exzellenz mir als Amtssitz des Ministers für Elsaß-Lothringen nur Berlin gedacht. Die Verlegung dieses Amtssitzes nach Straßburg würde nicht einmal eine erhebliche Beschränkung des jetzt im Reichskanzleramt vorhandenen Personals ermöglichen, denn ich würde zwar bereitwillig eine Situation annehmen können, in der ich von jeder Beziehung zu den Reichslanden und ihrer Verwaltung entbunden wäre, aber so lange eine solche Situation gesetzlich für mich nicht vorhanden ist, bin ich weder in der Lage, die mir aus Straßburg zugehenden Immediatberichte ohne Kenntnis und sachliche Prüfung ihres Inhaltes zu unterzeichnen, noch deren Vortrag und Prüfung ausschließlich jüngeren Beamten zu übertragen.

gez.: von Bismarck.

Längere Zeit ruhte nun die Verfassungsfrage, bis um die Mitte des Jahres 1876 Bismarck aufs neue Gelegenheit fand, seine Pläne der Verwirklichung näher zu bringen. Mit dem Ausscheiden des Staatsministers Delbrück aus dem Präsidium des Reichskanzleramtes hatte der Kanzler am 1. Juni die bisherige Abteilung für Elsaß-Lothringen vom Reichskanzleramte abgezweigt und sich direkt unterstellt. Dem Direktor, als den er Herzog ernannt hatte, war gleichzeitig zugebilligt worden, daß er „i. V." (in Vertretung) statt wie bisher „i. A." (im Auftrage) zeichnen durfte.[1]) Schon bald aber sollte die Regelung noch eine weitere einschneidende Änderung erfahren. Schon im Etatsentwurf über die Reichsbehörden wurden Mittel angefordert, um, wie die erläuternde Denkschrift sagte, eine unter der Verantwortlichkeit des Reichskanzlers stehende selbständig organisierte oberste Behörde für die elsaß-lothringische Landesverwaltung mit dem Sitz in Berlin zu bilden. Wenn auch die Norddeutsche Allgemeine Zeitung erläuternd bemerkte, daß dadurch an der bisherigen Stellung des Oberpräsidenten als höchster Landesverwaltungsbehörde nichts geändert werden und lediglich die Regierung in Berlin sein sollte, so ließ doch ein durch Herzog im Auftrage des Kanzlers an den Oberpräsidenten gerichtetes Schreiben vom 9. August erkennen, daß die Änderung als eine sehr einschneidende gedacht war. Herzog teile hier Möller mit, „daß Bismarck den Kaiser gebeten habe, ihn von dem Ministerium von Elsaß-Lothringen zu entlasten und zu diesem Zwecke die Einleitung von Maßnahmen zu

[1]) Denkschrift.

genehmigen, durch welche seine Befreiung von der Verantwortlichkeit für dieses Ministerium ermöglicht würde. Als feststehend sei dabei anzunehmen, daß die verantwortliche Ministerialinstanz nach wie vor in der Residenz des Kaisers und an dem Sitze des Bundesrats und Reichstags domiziliert sein müsse. Über die Modalitäten einer entsprechenden Einrichtung, namentlich darüber, ob die Funktionen des verantwortlichen Ministers für Elsaß-Lothringen auf einen oder auf mehrere Beamte zu übertragen und darüber, wie nach Trennung dieser ministeriellen Funktion von dem Amte des Reichskanzlers die notwendigen Beziehungen der Verwaltung der Reichslande zum Reiche zu sichern sein werden, wünscht der Herr Reichskanzler Ew. Exzellenz gutachtliche Äußerung zu vernehmen."

Möller hat umgehend am 12. desselben Monats geantwortet und seine Ansicht kurz und scharf zusammengefaßt. Jetzt geht er aber zu positiven Vorschlägen über die verfassungsrechtliche Gestaltung des Landes über, und wir hören zum ersten Male von seinem Plane einer Personalunion. Der Plan bedeutet einen wesentlichen Schritt zur Gleichstellung des Landes mit den übrigen deutschen Bundesstaaten.

„Mit lebhaftem Bedauern", so schreibt er an Herzog, „habe ich aus Ew. Hochwohlgeboren Schreiben vom 9. d. M. ersehen, daß S. Durchlaucht der Herr Reichskanzler beabsichtigt, die Ministerialverantwortlichkeit für Elsaß-Lothringen aus der Hand zu geben, ohne daß er diesem Lande seine definitive politische Gestaltung gegeben hat. Elsaß-Lothringen wird sich auf die Dauer gutwillig nicht vom Reiche regieren lassen, etwa wie die früheren schweizerischen Vogteiländer von den Eidgenossen, sondern es wird eine eigene Staatsgewalt verlangen, wofür sich am einfachsten Personalunion mit Preußen darbietet. Mit einigen Kautelen könnte man dazu von wegen der Zustände in Elsaß-Lothringen selbst bald übergehen, und ich hatte gehofft, daß der Herr Reichskanzler damit seine unmittelbaren Beziehungen zu Elsaß-Lothringen abschließen werde. Soll nun ein Experiment mit einem Ministerium für das Reichsland Elsaß-Lothringen versucht werden (der Herr Reichskanzler weiß, daß ich dagegen bin), so versteht es sich, was die Form betrifft, von selbst, daß dazu ein Gesetz notwendig ist und daß bei der Begutachtung desselben der Landesausschuß nicht übergangen werden darf. Was die Sache betrifft, so wären m. E. die Funktionen des verantwortlichen Ministers für Elsaß-Lothringen auf Einen Beamten zu übertragen. Besondere Bestimmungen zur Sicherung der Beziehungen der Verwaltung des Reichslandes zum Reiche bedarf es m. E. nicht, da dieselben durch S. M. den Kaiser, den Bundesrat und den Reichstag hinlänglich gesichert sind." Bismarck ist, wie zu erwarten war, auf Möllers Vorschläge nicht eingegangen, sondern hat dem Kaiser einen Antrag auf Bildung eines Ministeriums in Berlin vorgelegt oder vorgetragen. „Der Kaiser", so berichtet Möller[1]), „sagte mir aber im September in Weißenburg, er habe den bezüglichen Antrag abgelehnt."

Damit war ein sachlicher Gegensatz zwischen Kanzler und Oberpräsident geschaffen, der kaum mehr zu überbrücken war; denn daß es Bismarck bei dieser Abweisung nicht bewenden lassen würde, war vorauszusehen. Die Mitteilung des Kaisers war nur ein kurzer Trost gewesen. Am 1. Januar 1877 wurde zunächst die Trennung der III. Abteilung als Reichskanzleramt für Elsaß-Lothringen durchgeführt. Ein Jahr später, am 17. März 1878, wurde aber der Chef dieser Abteilung zum verantwortlichen Stellvertreter des Reichskanzlers ernannt. Es war Herzog, der jetzt zum Staatssekretär aufrückte. Er stand nun zwischen Reichskanzler und Oberpräsident. Daß damit die Lage für Möller unerträglich wurde, braucht nicht betont zu werden.

Aber auch auf einem anderen Gebiete hatte Bismarck seine Mißstimmung gegen den Oberpräsidenten zum deutlichen Ausdruck gebracht. Am 8. Juni 1876 schreibt er dem Oberpräsidenten:

Um die Beschlüsse des Bundesrats und demnächst des Reichstags über die Entwürfe der zur Einführung in Elsaß-Lothringen bestimmten Gesetze vorzubereiten, ist es erforderlich, daß als Vorsitzender im Ausschusse des Bundesraths für Elsaß-Lothringen eine Persönlichkeit fungiere, welche mit den elsaß-lothringischen Verhältnissen vertraut ist. Bisher wurde dies dadurch erreicht, daß der Präsident des Reichskanzleramts, Staatsminister Dr. Delbrück, den Vorsitz im genannten Ausschusse führte, während er vermöge seiner amtlichen Stellung zugleich der Abtheilung des Reichskanzleramts für die elsaß-lothringischen Angelegenheiten vorgesetzt war. Diese Kombination ist seit dem am 1. d. Mts. erfolgten Ausscheiden des Herrn Dr. Delbrück aus dem Amte deshalb nicht mehr möglich, weil seitdem die bisherige Abtheilung für Elsaß-Lothringen vom Reichskanzleramte abgezweigt und daher nicht mehr dem Präsidenten des letzteren, sondern unmittelbar mir untergeordnet ist.

Daß etwa Eure Exzellenz den Vorsitz im Ausschusse übernehmen, wird bei der oft durch die Verhälknisse bedingten Schleunigkeit der Zusammenberufung des letzteren wegen der räumlichen Entfernung und Ihrer sonstigen Amtsgeschäfte leider nicht thunlich sein. Es bleibt daher meines Erachtens nur übrig, mit der Führung des Vorsitzes im Ausschuß den Direktor der bisherigen Abtheilung für Elsaß-Lothringen, Wirklichen Geheimen Oberregierungsrath Herzog, zu betrauen, dessen Ernennung zum Preußischen Bevollmächtigten

[1]) Denkschrift.

im Bundesrath ich deshalb bei Seiner Majestät dem Kaiser zu beantragen beabsichtige. Für die Modalitäten dieser Ernennung ist es von Wichtigkeit, zu ermitteln, ob unter den 17 zur Zeit sämtlich besetzten Stellen der Preußischen Bevollmächtigten zum Bundesrath eine Vakanz ohne Schwierigkeiten sich gewinnen läßt. Ich erlaube mir daher, an Eure Exzellenz die ganz ergebene Anfrage zu richten, ob Sie auf Ihr Verbleiben im Bundesrath auf Grund der bisher gewonnenen Erfahrungen aus sachlichen Rücksichten Wert legen. Bejahendenfalls würde ich versuchen, einen anderen Weg zur Einführung des Herrn Herzog in den Bundesrath aufzufinden, während sofern Eurer Exzellenz Ausscheiden aus dem Bundesrath etwa Ihren eigenen Wünschen entsprechen sollte, dasselbe gleichzeitig mit der Ernennung des Herrn Herzog herbeigeführt werden könnte. Die Möglichkeit, daß Eure Exzellenz selbst dem Reichstage gegenüber in Angelegenheiten der Reichslande den Bundesrath vertreten, würde sich in dem üblichen Wege der Substitution ad hoc jederzeit, wenn Eure Exzellenz es wünschen, herbeiführen lassen.

Der Reichskanzler
gez.: v. Bismarck.

Es war kaum ein Jahr verflossen, seitdem Möller die Bundesratsstimme übertragen worden war, und er hatte, besonders auch im Interesse des Landes, gerade auf diese Vollmacht hohen Wert gelegt. So ist die Antwort, die er dem Kanzler gibt, vorauszusehen, wenn auch die Kürze und Kühle nur durch die bereits vorhandene Spannung verständlich wird. „Ew. Durchlaucht", so schreibt er schon am 12. desselben Monats zurück, „verfehle ich nicht, auf das geehrte Reskript vom 8. d. M. gehorsamst zu erwidern, daß ich auf mein Verbleiben im Bundesrath auf Grund der bisher gewonnenen Erfahrungen aus sachlichen Rücksichten Werth lege.

Möller."

Aber Bismarck ist mit dieser Antwort wenig zufrieden. Mit ausführlicher sachlicher Begründung legt er Möller nochmals seinen Rücktritt als Bevollmächtigter nahe.

Berlin, den 29. Juli 1876.

Eurer Exzellenz hatte ich in meinem Schreiben vom 5. v. Mts. die Gründe ausführlich mitgetheilt, die mich zu der Frage veranlaßten, ob Sie auf Ihr Verbleiben im Bundesrath auf Grund der bisher gewonnenen Erfahrungen aus sachlichen Rücksichten Wert legen.

Ich hatte dabei erwartet, daß Eure Exzellenz in der Erwiderung auf mein Schreiben und zumal bei bejahender Beantwortung der Frage Ihre Gründe mir nicht vorenthalten würden. Eure Exzellenz haben sich in dem Bericht vom 12. v. Mts. aber nicht darüber geäußert, worin die von Ihnen gewonnenen Erfahrungen und in Betracht gezogenen sachlichen Rücksichten bestehen.

Unter solchen Umständen bin ich genötigt, auf die Sache zurückzukommen und Eure Exzellenz um eine gefällige Erläuterung Ihres Schreibens vom 12. v. Mts. nach den soeben bezeichneten beiden Richtungen hin ganz ergebenst zu ersuchen, damit ich dieselben bei Stellung meiner Anträge Seiner Majestät dem Kaiser vorlegen kann.

Ich bin zu diesem Ersuchen um so mehr veranlaßt, als die in meinem Schreiben vom 8. v. Mts. bereits hervorgehobenen sachlichen Rücksichten dafür sprechen, daß die Interessen des Reichslandes im Bundesrath und insbesondere in dem betreffenden Bundesrathsausschuß durch einen ständig hier anwesenden Bevollmächtigten vertreten seien. Auch die während der letzten Session des Reichstags und Bundesraths gemachten Erfahrungen sprechen nicht dafür, daß das gegenwärtige Verhältnis, wonach Eure Exzellenz die Stellung eines der 17 preußischen Hauptbevollmächtigten einnehmen, unter allen Umständen aufrecht erhalten werden müßte. Denn Eurer Exzellenz persönliche Beteiligung an den Berathungen des Bundesraths, des Bundesrathsausschusses und an den Reichstagsverhandlungen hat das Maß nicht überschritten, welches auch in dem durch den Schlußsatz meines Schreibens zur Erwägung gestellten Fall einer subsidiären Bevollmächtigung erreichbar sein würde.

Es entspricht dem Interesse des Reichslandes und der Stellung desselben im Reichsorganismus, daß ein hier ständig anwesender, mit der Bearbeitung der elsaß-lothringischen Angelegenheiten vertrauter Beamter unter die Zahl der Hauptbevollmächtigten zu dem Zwecke aufgenommen wird, um insbesondere den Vorsitz im Bundesrathsausschuß für Elsaß-Lothringen führen und an den Verhandlungen des Bundesraths über elsaßlothringische Angelegenheiten als Vertreter des Reichslandes jederzeit sich beteiligen zu können.

Eure Exzellenz ersuche ich ganz ergebenst, von diesem Gesichtspunkte aus die Sache nochmals zu erwägen und mir das Ergebnis unter Angabe der Gründe gefälligst mitteilen zu wollen.

v. Bismarck.

Die Antwort Möllers vom 5. August sagt, daß er nicht geglaubt habe, spezielle Gründe anführen zu müssen, weil sein Ausscheiden aus dem Bundesrat ausdrücklich nur für den Fall in Aussicht genommen war, daß dasselbe etwa seinen eigenen Wünschen entsprechen sollte. Dies sei deshalb nicht der Fall, weil die Elsaß-Lothringer, welche seinen Eintritt in den Bundesrat als eine wertvolle Errungenschaft ansahen, über seinen Austritt schwer betroffen sein würden. „Ew. Durchlaucht hatten für den Fall, daß ich auf mein Verbleiben im Bundesrat Wert legte, im voraus einen anderen Weg zur Einführung des Herrn Herzog in den Bundesrat, gegen deren Zweckmäßigkeit ich natürlich keinen Einwand zu machen habe, ins Auge gefaßt."

Nochmals ist Bismarck mit ausführlicher Begründung auf Möllers Weigerung eingegangen.

Varzin, den 14. August 1876.

Eure Exzellenz bezeichnen in dem gefl. Bericht vom 5. d. Mts. als die sachlichen Gründe für Ihr Verbleiben im Bundesrath, daß die Elsaß-Lothringer über Ihren Austritt betreten sein würden, und daß in demselben eine Ihr Ansehen schädigende capitis deminutio gefunden werden möchte. Ich wünsche zunächst die Annahme auszuschließen, daß es bei der beabsichtigten Maßnahme um eine capitis deminutio oder um einen persönlichen Verzug sich handele, es handelt sich vielmehr ausschließlich um sachliche und geschäftliche Bedürfnisse, welche durch einen im vorigen Jahr nicht vorauszusehenden Personalwechsel zutage getreten sind. Nach dem Verhältnis, in welchem die Regierung Elsaß-Lothringens zum Reiche steht, muß dafür gesorgt werden, daß die Vertretung der Reichslande im Bundesrath und im Reichstage durch ein und dieselbe Person dauernd gesichert ist. Dies war der Fall bis zur Ablösung der elsaß-lothringischen Abtheilung von dem Reichskanzleramte nach dem Ausscheiden des Staatsministers Delbrück, der, wenn auch im Bundesrath zeitweise durch Eure Exzellenz, im Reichstage durch andere Kräfte unterstützt, in beiden Versammlungen den Reichskanzler als Minister für die Reichslande dauernd vertreten und den Vorsitz in dem elsaß-lothringischen Ausschusse des Bundesraths geführt hat. Für die Folge ist eine gleiche Kombination untunlich, da die Abtheilung für Elsaß-Lothringen dem Reichskanzleramte nicht mehr angehört und der Präsident des letzteren außer Beziehung zu der Abtheilung getreten ist. Es muß also für Ersatz gesorgt werden. Eure Exzellenz können als solcher nicht eintreten, weil Ihnen die oft unerwartet nöthig werdende Vertretung im Reichstag wegen der weiten Entfernung Ihres Amtssitzes von Berlin nicht übertragen werden kann, Ihr ständiger Aufenthalt aber in Berlin während der Thätigkeit der gesetzgebenden Faktoren nicht ohne Nachtheil für Ihre eigentlichen Berufsgeschäfte bleiben könnte.

Wenn Eure Exzellenz ungeachtet dieser Schwierigkeiten bei der in dem Bericht vom 5. d. Mts. vertretenen Auffassung verharren, so will ich nochmals den bisher mißlungenen Versuch wiederholen, einen der preußischen Herren Minister zum Verzicht auf die bisher geübte Vertretung seines Ressorts im Bundesrath zu bewegen, um auf diesem Wege eine Stelle für den Vorsitzenden der elsaß-lothringischen Abtheilung frei zu machen. Wenn meine Kollegen, die über die Vertretung Preußens im Bundesrath mit mir gleiches Stimmrecht haben, dazu auch jetzt nicht zu bewegen sind, so wird mir kein anderer Ausweg bleiben, als die Anrufung der Entscheidung Seiner Majestät des Kaisers.

Der Reichskanzler
v. Bismarck.

Möller hat darauf noch einmal in einem persönlichen Schreiben an den Reichskanzler vom 27. August erwidert, daß er für seine Person selbstredend nicht in Anspruch nehme, daß ein preußischer Minister ihm in der preußischen Vertretung im Bundesrate Platz mache, er habe aber geglaubt, Herr Herzog könne einstweilen durch generelle Substitution für Verhinderungsfälle in den Bundesrat eingeführt werden. Einen Verzicht spricht er nicht aus.

Ob Bismarck die Angelegenheit tatsächlich vor den Kaiser gebracht hat, entzieht sich unserer Kenntnis. Jedenfalls behält Möller seine Bundesratsstimme, für Herzog wurde durch den Rücktritt eines anderen stimmführenden Mitgliedes eine Stelle frei gemacht. Das aber geht aus dem hochinteressanten Briefduell, in dem trotz aller Glätte der äußeren Form nicht mit stumpfen Klingen gefochten wurde, hervor:

Der offene Konflikt zwischen Kanzler und Oberpräsident war auch auf diesem Gebiete da. Und Bismarck hatte nicht gesiegt.

Zunächst gelang es Möller indessen, die Entwicklung des Landes zu größerer Selbständigkeit in Übereinstimmung mit Bismarck einen weiteren Schritt vorwärts zu bringen. Der Landesausschuß war bisher nur beratende Körperschaft gewesen. Am 10. Mai 1876 wurde nun auf Möllers Betreiben ein Gesetzentwurf über die Erweiterung der Rechte des kleinen Parlaments eingebracht. Hiernach sollte die Gesetzgebung für Elsaß-Lothringen unter Ausschaltung der jeweiligen Zustimmung des Reichstags in die Hand des Kaisers gelegt werden, der nur an die Zustimmung des Landesausschusses und des Bundesrats gebunden sein sollte. Der Landesausschuß sollte also zwar noch nicht das Recht gesetzgeberischer Initiative, wohl aber das der Bewilligung erhalten. Er wurde damit zum gesetzgeberischen Faktor erhoben. Das Gesetz wurde vom Reichstage angenommen und trat am 2. Mai 1877 in Kraft. Gleichzeitig hatte Möller nun aber auch seinen Plan einer Personalunion mit der Kaiserkrone weiter verfolgt.

Im September 1876 war der Kaiser zum ersten Male in den Reichslanden erschienen. Er hatte an den Kavalleriemanövern in der Nähe von Weißenburg teilgenommen und war mit großer Begeisterung vom Landvolke begrüßt worden. Dabei war er von einem Landbürgermeister — nach anderer Mitteilung war es Graf Eckbrecht Dürckheim — als Landesherr angeredet worden. Der Kaiser wandte sich zu Möller und sagte: „Ja, wenn ich's nur schon wäre". Wiederholt und bedeutsam kam der Kaiser auf diesen Gedanken zurück, und Möller äußerte nun dem Preßdezernenten Regierungsrat du Prel gegenüber den Gedanken, er müsse glauben, daß es dem Kaiser erwünscht sei, wenn einmal die Frage einer staatlichen, und zwar einer monarchischen Ausgestaltung des Landes in der Presse aufgeworfen würde. Freilich sei kaum ein anderer Weg denkbar als die Realunion mit Preußen. Was man wohl in Bayern dazu sagen würde? Du Prel erwiderte, er sei überzeugt, die Bayern würden dies als commencement de la fin betrachten und sich auf den Trost reduziert glauben, den Polyphem dem Odysseus gelassen, daß er nämlich zuletzt gefressen werden sollte. Auch die Katholiken im Reichslande würden sich mit dem Gedanken kaum befreunden. Ob man dem nicht an Stelle der Realunion mit Preußen die Union mit der Kaiserkrone setzen könne. Möller meinte: „das schmeckt vielleicht besser".[1])

[1]) Die Darstellung dieser Vorgänge nach du Prels Denkschrift.

Ob der du Prelsche Bericht in dieser Form, wonach ihm eigentlich der Gedanke der Personalunion und des Kaiserlandes zufällt, richtig ist, möge dahin gestellt bleiben. Jedenfalls erzählt aber auch Möller selbst in einem Briefe vom 29. September an seine Casseler Freunde den Vorgang. „Mit dem Kaiser habe ich natürlich über die hiesigen und die Berliner Verhältnisse gesprochen. Über das zu erstrebende Ziel sind wir einig, nämlich Aufgebung der Qualität des Reichslandes und Herstellung eines Herzogtums in Personalunion mit Preußen. Wann das aber geschehen kann, und welche unangenehme Situationen inzwischen noch durchzumachen sein werden, entzieht sich der Berechnung.“ Schon im Oktober desselben Jahres wird der Gedanke der Personalunion, und zwar mit der Kaiserkrone, in einer anonymen Flugschrift erörtert, die von du Prel im Einverständnis oder auf Veranlassung Möllers verfaßt ist.[1]) In Berlin hat man sofort auf das schärfste gegen diese Pläne Stellung genommen. Die Norddeutsche Allgemeine Zeitung gießt ihren Spott aus über „ein Statthalterhöfchen in Straßburg und die Vermehrung der deutschen Bundesstaaten um einen weiteren“.

In Elsaß-Lothringen selbst ist der Plan günstig aufgenommen worden. Die autonomistische Partei, deren Führer Klein ist, steht ganz auf dem gleichen Boden, im Landesausschuß wird er vertreten, und Schneegans, der über seine Berliner Tätigkeit ständig an Klein Bericht erstattet, propagiert überall, wie wir gesehen haben, denselben Gedanken.

Am 10. Januar 1877 hatten die Neuwahlen zum Reichstage stattgefunden und fünf autonomistische Abgeordnete waren gewählt worden, unter ihnen Schneegans. Möller war befriedigt vom Ausfall und durfte ihn zum guten Teil als einen persönlichen Erfolg buchen. Anderer Ansicht war freilich Schneegans. „Der Oberpräsident“, so schreibt er in seinen Erinnerungen, „mußte natürlich im Grunde seines Herzens die Autonomisten den Protestlern vorziehen, aber andererseits konnte er sich nicht verhehlen, daß der Eintritt autonomistischer Kandidaten in den Reichstag der elsässischen Verwaltung viel größere Unannehmlichkeiten bereiten würde, wie das Verbleiben der Protestler.“ Er macht ihm sogar, als Möller lediglich die Wahlfreiheit gewährt und geschützt hat, den Vorwurf, bei den Wahlen die Protestler mit seinem ganzen Verwaltungsapparat begünstigt zu haben. So habe die Verwaltung, die doch sonst so gut den Diktaturparagraphen zu handhaben wisse, eine Protestlerversammlung

---

[1]) Elsaß-Lothringen, seine Vergangenheit — seine Zukunft.

in Mülhausen, die die Autonomisten beschimpft habe, ruhig gewähren lassen. Schon bald wird der Reichstag eröffnet, und die fünf elsässischen Abgeordneten gehen nach Berlin. Schneegans ist überall, ob sich nun im Reichstage selbst oder bei offiziellen oder privaten Empfängen bei Bismarck die Gelegenheit dazu bietet, der Wortführer der kleinen Gruppe. Bereits am Tage nach der Eröffnung des Parlaments haben die Fünf eine Audienz beim Reichskanzler. Sie bringen zunächst ihre Beschwerden wegen Handhabung der Optantenfrage zur Sprache. Wir kennen Bismarcks Stellungnahme vom 26. Februar 1876, die sich gegen Möllers milde Handhabung gerichtet hatte. Jetzt äußert er sich dahin, daß er das Elsaß denjenigen, die sich wieder naturalisieren lassen wollten, durchaus nicht zu verschließen beabsichtige, „und er war sehr verwundert, daß man für diese Kategorien auch Schwierigkeiten erhebe". Schon am 5. März teilte Herzog den Elsässern schriftlich mit, daß der Reichskanzler neue Instruktionen an den Oberpräsidenten habe abgehen lassen, welche die Bevölkerung befriedigen würden.[1]) Möller schreibt über die Angelegenheit in seiner Denkschrift: „Eine Interpellation im Reichstage wurde ungefähr so beantwortet, als stünde ich auf dem Standpunkte des Reichskanzlers und er auf dem meinigen. In Tageszeitungen erschienen aber gleichzeitig mit dem Erlaß jener Verfügung offiziöse Artikel und sonstige Nachrichten von Berlin, meine Stellung sei erschüttert."

Auch die Verfassungsfrage wurde in derselben Unterredung von Schneegans angeschnitten. Die Elsässer verlangten die Verlegung der Verwaltung nach Straßburg, Erweiterung der Befugnisse des Landesausschusses und allmähliche Entwicklung zu einer staatsrechtlichen Gleichstellung mit den anderen deutschen Bundesstaaten. Der Fürst hörte den Vortragenden aufmerksam an und erwiderte freundlich, aber unbestimmt, auch die Regierung habe den Wunsch, die elsaß-lothringischen Dinge nach dieser Richtung hin, wenn auch vielleicht noch nicht in dem gehofften Umfange, zu entwickeln. Das Maß des zu Gewährenden hänge von der Haltung der Bevölkerung ab. — Die Fünf schienen befriedigt, und Schneegans bemühte sich nun, die Beziehungen zum Fürsten durch den Besuch seiner parlamentarischen Abende fortzusetzen, nach anderen Seiten hin aber neue Verbindungen anzuknüpfen. Am 17. März griff er im Reichstage auf die besprochenen Beschwerden zurück und „kritisierte energisch die Mißstände in der Landesregierung". „Es muß viel geändert werden in Elsaß-Lothringen. Unsere Lage ist nämlich schlecht . . . . Wir

[1]) Das Voraufgehende nach Schneegans, Memoiren.

leiden unter einem Verwaltungsübel, ... weil man nicht weiß, wer Koch und Kellner im Hause ist. Wir leiden selbst unter einem gesetzlichen Übel, denn wir haben so viele Gesetze, daß man nicht mehr weiß, wo das Gesetz ist. Ich könnte Ihnen, meine Herrn, Daten und Fakta zitieren, die Sie in Erstaunen setzen würden; ich behalte mir auch vor, dies zu tun — heute würde uns das zu weit führen .... Da, wo wir die mächtige Hand des Reichskanzlers bedürfen, das ist in der Verwaltung. Wir fordern die Regierung auf, ihre mächtige Hand in das Verwaltungsräderwerk einzulegen und da einmal Ordnung zu schaffen ....“

Es ist, wie man sieht, dieselbe Methode, die Schneegans ein Jahr früher den Abgeordneten gegenüber angewandt hatte. Beschuldigungen ohne Beweise, deren Spitze überall gegen den Oberpräsidenten zielt.

Mitte Mai ist Schneegans mit dem Eindruck von Berlin nach Straßburg zurückgekommen, daß „in Berlin im Reichskanzlerpalais und am Hofe allein die Entscheidungen lägen und daß alle bis dahin in Straßburg bei dem Oberpräsidium unternommenen Schritte ohne erheblichen Nutzen waren“. Welche Schritte Schneegans bei Möller in den gleichen Angelegenheiten getan hat, sagt er freilich nirgends in seinen Erinnerungen, und da auch Möller niemals erwähnt, daß er mit Schneegans in persönliche Berührung gekommen sei oder schriftliche Verhandlungen geführt habe, so wird man stark in Zweifel ziehen müssen, daß Schneegans auch nur den Versuch gemacht hat, seine Beschwerden bei Möller vorzubringen. Jedenfalls würde sich sofort ergeben haben, daß er auf sachlichem Gebiete genau nichts anderes erstrebte, als was der Oberpräsident seit Jahren zu erreichen bemüht war.

Mittlerweile war der Kaiser im Mai 1877 wieder nach dem Elsaß gekommen und hatte zum ersten Male auch Straßburg besucht. Der Empfang war überaus warm gewesen und hatte die guten Eindrücke der Weißenburger Tage von 1876 bestätigt und verstärkt. Dankbar hatte der alte Herr diesen Erfolg der Möllerschen Tätigkeit gut geschrieben, und die Auszeichnungen, die er dem Oberpräsidenten zuteil werden ließ, hatten dessen Stellung auch nach außen hin wieder befestigt. Auch eine Abordnung des Landesausschusses war vom Kaiser empfangen worden und hatte den Wunsch nach Personalunion des Landes mit der Kaiserkrone vorgetragen. Der Kaiser hatte das gnädig aufgenommen und Möller zum unmittelbaren Berichte über die Möglichkeit der Verwirklichung dieses Wunsches aufgefordert. Der Oberpräsident, der schon früher bei ähnlichem Vorgehen den Unwillen des Kanzlers lebhaft empfunden hatte, trug Bedenken, über den Kopf Bismarcks hinweg dem Kaiser schriftlich Bericht zu erstatten und äußerte sich offen darüber. Aber der Kaiser wiederholte das Ersuchen durch Handbillet, und so mußte Möller willfahren. Die Folgen sah er klar voraus. Er äußerte sich selbst darüber: „Damit habe ich mein Todesurteil unterschrieben."[1]) Die wichtige Denkschrift, die der Kaiser dann an Bismarck zur Begutachtung weiter gab, hat folgenden Wortlaut:

Denkschrift betreffend die Bitte des Landesausschusses von Elsaß-Lothringen, die staatlichen Institutionen des Landes zu weiterer Selbständigkeit desselben als Bundesstaat innerhalb der Reichsverfassung zu entwickeln.

Je mehr man sich in Elsaß-Lothringen mit dem Gedanken vertraut macht, daß die Zugehörigkeit zu Deutschland unwiderruflich ist, desto eifriger wird die staatsrechtliche Zukunft des Landes diskutiert. Diejenigen, welche jenen Gedanken willig annehmen, verlangen Gleichstellung mit den anderen deutschen Volksstämmen, d. h. die Konstituierung Elsaß-Lothringens zu einem Bundesstaat; ihre und unsere Gegner machen ihnen zum Vorwurf, daß sie dadurch die Sympathien von Frankreich abwenden. Dieser Vorwurf ist gewiß ein deutlicher Fingerzeig, daß die Bitte des Landesausschusses sobald als thunlich in reifliche Erwägung zu ziehen ist.

Auf die Dauer kann Deutschland den Elsaß-Lothringern nicht zumuthen, sich vom Reich als dessen direkte Unterthanen regieren zu lassen, während alle anderen Stämme innerhalb des Reiches Staaten bilden, die sich selbst verwalten. Es kommt nicht darauf an, ob Elsaß-Lothringen unter französischer Herrschaft mehr oder weniger politische Selbständigkeit gehabt hat, als es jetzt als deutsches Reichsland genießt; nachdem es einmal wieder deutsch geworden ist, ist sein Verlangen durchaus natürlich: in dasselbe politische Verhältnis zu treten, wie die anderen deutschen Länder, also, da es nicht einem anderen Bundesstaat einverleibt ist, einen eigenen Bundesstaat zu bilden.

Diesem Verlangen könnte billigerweise nur dann entgegengetreten werden, wenn wesentliche Interessen des Reiches es erheischten. Daß dieses der Fall sei, ist aber nicht ersichtlich. Vielmehr ist nach dem Charakter und den Neigungen des Volkes anzunehmen, daß die innere Wiedervereinigung mit Deutschland sich ungleich rascher und sicherer vollzieht, wenn seinem gerechten Verlangen gewillfahrt wird, als wenn es auf eine niedrigere politische Stufe herabgedrückt zu sein glaubt.

Was die Form des neuen Bundesstaates betrifft, so denkt man sich ein Großherzogthum Elsaß-Lothringen, dessen Krone mit der Kaiserkrone verbunden wäre. Dabei wird aber das wesentliche Gewicht darauf gelegt, daß ein Statthalter in Straßburg regiere, worunter man sich nicht einen Fürsten mit einem Hofe, sondern einen mit den nöthigen Vollmachten versehenen Beamten denkt.

Daß bezüglich der Verfassung des Bundesstaates dem konstitutionellen System gegenüber vorerst noch manche Beschränkungen und Kautelen erforderlich sein werden, darauf ist man in den Kreisen, welche sich mit einer solchen Zukunft befassen, wohl gefaßt.

Straßburg, den 23. Mai 1877. gez.: von Möller

---

[1]) Mündliche Mitteilung von Back.

Klar und bestimmt ist in diesen kurzen Ausführungen das Möllersche Verfassungsprogramm umschrieben. Für eine elsaß-lothringische Abteilung in Berlin ist darin kein Platz. Der Landesausschuß hat dann seinen Wunsch in der Plenarsitzung vom 23. September desselben Jahres nochmals wiederholt. Er spricht die Bitte aus, daß dem Lande eine eigene Verfassung als Bundesstaat mit dem Sitze der Regierung in Straßburg und Vertretung im Bundesrat gewährt werde. Die Form aber, die der Staat bekommen soll, definieren Zorn von Bulach und Ferdinand Schneegans in einer Resulution dahin, daß Elsaß-Lothringen Kaiserland in Personalunion werden soll.

Am 6. Februar 1878 wurde die neue Reichstagssession eröffnet und im März das Stellvertretungsgesetz des Reichskanzlers zur Beratung gestellt. Der Kanzler, der faktisch ja schon seit dem 1. Juni des Vorjahrs, gesetzlich aber seit dem 1. Januar 1878 die elsaß-lothringische Abteilung selbständig gemacht hatte, wollte sich auch von der Verantwortlichkeit lösen. August Schneegans benutzte den Antrag, um mit seinen elsässischen Kollegen ein Amendement einzubringen: „Der Stellvertreter des Reichskanzlers für Elsaß-Lothringen hat seinen Amtssitz in Straßburg.“ Er führte zunächst in einer Fraktionssitzung der nationalliberalen Partei aus, die zu große Zahl der Verwaltungsinstanzen, wie sie für Elsaß-Lothringen vom Kreisdirektor aufwärts bis zum Reichskanzleramt maßgebend wären, habe zu „einer totalen Lahmlegung der gesetzgebenden und organisierenden Gewalt geführt“. „Der Gesetzeswirrwarr in Schul-, Gemeinde- und anderen Angelegenheiten ist unbeschreiblich, das Gefühl der Rechtsunsicherheit allgemein. Da ist es nötig, daß eine Regierung kommt, die mit der Landesvertretung das elsaß-lothringische Staatswesen wieder aufrichtet.“ Stauffenberg, v. Puttkamer und Lasker unterstützten, wie Schneegans berichtet, diese Ausführungen auf das lebhafteste. Bei der öffentlichen Verhandlung am 8. März hatte der autonomistische Wortführer nur kurz die Begründung übernommen. Was er aber gewünscht hatte, erreichte er. Bismarck antwortete persönlich. Er stehe dem Bestreben, Elsaß-Lothringen eine selbständige Regierung zu verschaffen, mit seinen Sympathien zur Seite. Wenn er sich trotzdem zurzeit gegen den Antrag ausspreche, so geschehe das lediglich, weil sich eine Frage von solcher Tragweite nicht nebenher erledigen lasse. Er selbst behalte das Streben im Auge, von dem Bande loszukommen, welches den Reichskanzler und das Ministerium für Elsaß-Lothringen in einer Person umschlinge. Wenn es auch Schwierigkeiten habe, daß der Landesherr von dem verantwortlichen Minister getrennt sei, so ließe sich ja doch die Wahl einer Person so denken, daß dieselbe sich eines ganz ausnahmsweisen Vertrauens bei dem Träger der landesherrlichen Rechte S. M. dem Kaiser erfreue. Bei einem Statthalter im landläufigen Sinne würde S. M. doch nicht auf jeden Einfluß auf die Regierung verzichten können. — Wen der Fürst mit dieser besonderen Persönlichkeit meinte, das hatte Tiedemann, der Chef der Reichskanzlei, Schneegans unmittelbar bevor er im Reichstag auf die Rednertribüne ging, mitgeteilt: Bismarck dachte an den Kronprinzen. Schon Hofmann hatte einmal im November 1876 diesen Gedanken leicht hingeworfen. Seitdem war er nicht wieder aus der Diskussion verschwunden. Jetzt war Bismarck der erste, der den Plan öffentlich und amtlich aufgriff. Einen Tag nach der Sitzung teilte er selbst Schneegans offen mit, daß er mit seiner Andeutung den Kronprinzen gemeint habe; „er möchte", sagte er[1]), „aus dem Elsaß ein deutsches Dauphiné machen, in dem sich der jeweilige Kronprinz mit der Führung der Geschäfte vertraut machen könne." Die Frage wurde nun bald in allen größeren Zeitungen erörtert, und das Elsässer Journal teilte mit, daß sich eine Deputation des Landesausschusses nach Berlin begeben solle, um mit den autonomistischen Abgeordneten zu verhandeln und der Regierung mit Ratschlägen zur Seite zu stehen. Auch Möller verhielt sich dem Gedanken gegenüber nicht ablehnend. In einer anonymen Broschüre „Elsaß-Lothringen als kaiserliches Kronland", die wiederum von du Prel im Einvernehmen mit Möller verfaßt war, suchte er zwischen der Personalunion mit der Kaiserkrone und dem Kronprinzenland einen vermittelnden Standpunkt einzunehmen. Er hielt an der Souveränetät des Kaisers fest, wollte aber die Ausübung dieser Landeshoheit einem Prinzen des kaiserlichen Hauses übertragen wissen. Ob dann durch ein Hausgesetz der landesherrliche Titel mit der Anwartschaft auf die Kaiserkrone verbunden und dem Kronprinzen übertragen werden könne, möge dahingestellt bleiben. Auf keinen Fall solle ein neuer, selbständiger Partikularstaat geschaffen werden. Man sieht, Möller steht der Bismarckschen Auffassung, wie sie in der jüngsten Zeit entstanden war, so nahe, daß die vorhandenen kleinen Differenzen lediglich Fragen der letzten formellen Regelung sein konnten.

Schon am 2. April sah sich Bismarck veranlaßt, seine Pläne genauer darzulegen und den elsässischen Abgeordneten Schneegans, North und

---

[1]) Schneegans Memoiren.

Bergmann in einer Audienz, die sie in der schwebenden Frage erbeten hatten, näheres über seine Absichten mitzuteilen.[1]) Die drei haben über die wichtige Unterredung sofort eine Art Protokoll aufgenommen. „Ich habe", so führte der Fürst aus, „die Meinung seiner Majestät des Kaisers über die Frage noch nicht eingeholt. Als Diener des Kaisers muß ich mit meiner persönlichen Meinung zurückhalten. Es ist mir also schwer, Ihnen hierin einen Rat zu erteilen. Sie müssen selbst aus den Verhältnissen den richtigen Weg erkennen, der sie zum Ziele führt." Dann aber fährt er immer bestimmter werdend fort: „Ich habe gesehen, daß der Gedanke eines Kronprinzenlandes durch die Presse angeregt wird. Es sind diese Artikel aber insofern nicht richtig, als darin von einer Statthalterschaft des Kaisers durch den Kronprinzen die Rede war. Eine solche Statthalterschaft soll es aber nicht sein, es würde Sie auch nicht weiterführen. Wenn man Erbstatthalterschaft gesagt hätte, so wäre das richtiger gewesen. Denn der Kronprinz soll Ihr Landesherr, Ihr Souverän sein, er soll alle die Maßregeln treffen, die jetzt der Kaiser trifft und zwar soll er die im Lande selbst treffen .... Mit dem Kaiserland kommen Sie nicht weiter. Was Sie brauchen, das ist die Regierung des Landes im Lande selbst. Wenn der Kaiser auch Ihr direkter Souverän wäre und einen Statthalter nach Straßburg schickte, müßte er doch immer ein Kabinett in Berlin haben und es käme immer wieder auf ein Ministerium in Berlin hinaus, während der Kronprinz als direkter Souverän sich dieses Ministerium in Straßburg selbst bilden würde. Es könnte ein älterer Herr sein, wie Herr v. Möller, er könnte einen Elsässer an seiner Seite haben oder einen Süddeutschen. Jedenfalls ist diese Souveränetät des Kronprinzen der einzige Weg, der Sie von Berlin los bringt. Der Begriff des Kaiserlandes würde auch Schwierigkeiten mit den verbündeten Regierungen hervorrufen. Es würde dies eine Abtretung der Rechte von seiten der anderen Staaten erfordern, während, wenn der Kronprinz Ihr Landesherr ist, es nur einer kleinen Änderung im organischen Gesetze brauchte, nämlich die Worte „der Kaiser übt die Staatsgewalt aus" durch „der Kronprinz" zu ersetzen. Die Personalunion, so fährt dann Bismarck nach einigen Zwischenbemerkungen fort, würde sie bald zur Realunion mit Preußen führen, was Sie nicht wollen und was Preußen nicht will. Sie müssen ein kleiner Staat werden. In einem kleinen Staate befinden Sie sich auch besser als in einem großen wie

---

[1]) Schneegans, Memoiren.

Preußen, wo Sie unter den 25 Millionen untergehen würden. Wenn sich auch der Kronprinz für das Projekt der Personalunion unter dem Kaiser ausgesprochen hat, so ist er eben ein viel zu guter Sohn, als daß er sich dagegen hätte aussprechen können."

Wenn Möller von diesen Bismarckschen Ausführungen gehört hat, so wird er eine aufrichtige Freude empfunden haben. Denn damit hatte sich der Kanzler zunächst in dem Hauptpunkte, der Verlegung der Regierung von Berlin nach Straßburg, wie sie Möller vom ersten Tage seiner Amtstätigkeit an verlangt und gegen die elsaß-lothringische Abteilung so nachdrücklich vertreten hatte, dem Oberpräsidenten völlig angeschlossen. Eine leichte Differenz bestand lediglich noch in der Gestaltung der höchsten Spitze. Bismarck hatte sich jetzt auf das Kronprinzen-Projekt festgelegt, während Möller diesen Gedanken mit seinem ursprünglichen Plane der Personalunion, den der Kaiser gebilligt und der Landesausschuß übernommen und vertreten hatte, verbinden wollte. Da ist schon bald eine Entscheidung erfolgt, die das Kronprinzenprojekt völlig beseitigt. Etwa am 7. Mai erhält Möller ein bis auf den Briefumschlag eigenhändiges, vom 5. datiertes Schreiben des Kaisers folgenden Inhalts:

An den Ober-Präsidenten von Elsaß-Lothringen, Wirklichen
Geheimen Rath von Möller, Excellenz in Straßburg.

Die Zeitungen sprengen das Gerücht aus, mein Sohn, der Kronprinz, werde Vice König, oder welchen Namen man ihm sonst noch giebt, von Elsaß-Lothringen werden und Députationen von dort seien im Begriff herzukommen, um den Kronprinzen zu dieser Stellung einzuladen und mich darum zu bitten. Sie werden einsehen, daß ein solcher Schritt gegen Alles verstößt, was in einem geordnetem Staats Leben bestehet. Ich veranlasse Sie daher, wenn wirklich von solchen Députationen die Rede sein sollte, dieselben auf das Bestimmteste zu untersagen und die Betreffenden darauf hinzuweisen, daß das Land abzuwarten habe, was ich auf die mir vor einem Jahre vorgetragenen Wünsche zu bestimmen, beschließen werde.

Wilhelm.

Es waren sonach nicht erst, wie man bisher gemeint hat, die Attentate von Hödel und Nobiling, die das Kronprinzenprojekt zu Fall gebracht haben. Auffallend ist es, daß der Gedanke aus Bismarcks Erörterungen mit den elsässischen Abgeordneten nicht verschwindet. Am 22. Februar 1879 spricht er Schneegans, der ihm auf eine kurze Frage „nach der Konstitution des Landes" erwidert: „Unsere Hoffnung ist nicht geschwunden, nur glaubten wir nach den Attentaten, daß es nicht mehr möglich sein wird mit dem Kronprinzenlande". Der Fürst erwiderte: „Sie haben recht, wenn Sie noch daran denken, denn meinerseits denke ich auch daran, und in dieser Session muß ein entscheidender Schritt getan werden, vielleicht nicht in der früher gedachten Form, aber in einer anderen." Und am 5. März 1879 teilt er den Autonomisten mit, er habe mit dem Kaiser über das Kronprinzenprojekt gesprochen, dieser heiße es nicht gut. Man wird kaum annehmen können, daß Bismarck nicht schon früher von der scharfen Abweisung, wie sie der Kaiser in seinem Briefe vom 5. Mai des vorausgegangenen Jahres ausgesprochen hatte, Kenntnis gehabt hat. Ob er sich trotzdem noch ernstlich mit der Möglichkeit der Ausführbarkeit getragen hat, wird schwer zu entscheiden sein.

Trotz aller sachlichen Annäherung war das Verhältnis zwischen Bismarck und Möller nicht besser geworden. Im Gegenteil, es hatte sich zu einer für Möller fast unerträglichen Schärfe zugespitzt. Im März 1878 hatte sich Bismarck über die Haltung der „Straßburger Zeitung" beschwert, und Möller hatte angefragt, welche Artikel gemeint seien, um den Vorstellungen beim Redakteur eine bestimmte Fassung geben zu können. Da antwortet ihm Bismarck am 21. März, daß er „zu einer nachträglichen Bezeichnung der einzelnen Artikel weder Zeit noch Veranlassung habe". Man wird kaum annehmen können, daß der Reichskanzler bei einer solchen Sprache einem Oberpräsidenten gegenüber noch besonderen Wert auf dessen weitere Mitarbeit legte. Viel schlimmer wird aber die Sprache Bismarcks Schneegans gegenüber, der als wieder gewählter Reichstagsvertreter zur neuen Sitzungsperiode im Februar 1879 in Berlin erscheint. Schneegans hat zwar im Elsaß herbe Enttäuschungen erlebt. Sein alter Freund Kablé ist zu den Protestlern übergegangen und hat die erfolgreichen Angriffe auf seinen Gegenkandidaten Bergmann, den Fraktionsgenossen von Schneegans, nicht wirkungsvoller führen zu können geglaubt, als wenn er ihm die nahen Beziehungen zu Schneegans vorgeworfen hat. Schlimmer noch ist es Schneegans direkt gegangen. Im Kanton Bockenheim hat er seine Kandidatur zum Bezirkstage aufgestellt. Da erscheint tags zuvor ein Gegenkandidat aus der eigenen Partei und schlägt Schneegans in geradezu schmählicher Weise. Klein, der eigentliche politische Führer der Partei im Elsaß, fordert darauf Schneegans auf, „alle seine Ämter", also wohl auch das Reichstagsmandat, niederzulegen und auf die Leitung des Elsässer Journals zu verzichten. Weshalb sich die Stimmung so scharf gegen den Mann gewandt hat, der in Berlin doch sicher der tätigste und erfolgreichste gewesen ist und die Interessen seines Landes sachlich gut vertreten hat, läßt sich nicht leicht sagen. Ohne Zweifel hat sich die politische Stimmung im Lande verschlechtert und der Umschwung geht wesentlich auf den zunehmenden Einfluß der Protestpartei zurück, die jetzt statt der „abstention" die „action" auf ihre Fahne geschrieben hat und Schneegans wegen seiner nahen Beziehungen zu nationalen Politikern verdächtigt. Auch die klerikale Partei haßte ihn wegen seiner kulturkämpferischen Neigungen. Aber das genügt doch nicht, um seine schweren Mißerfolge, besonders aber die Preisgabe seitens des mächtigen Parteifreundes Klein zu erklären. Ob persönliches Mißtrauen mit im Spiel gewesen ist, läßt sich zunächst nur fragen, nicht beweisen.

In Berlin ist im Gegensatz zu den autonomistischen Kreisen in Straßburg von irgendwelcher Abnahme des Vertrauens gegenüber Schneegans nichts zu merken. Im Gegenteil. Hatte sich früher sein Verkehr auf die Abgeordneten und auf die offiziellen Empfänge bei Bismarck beschränkt, so wird er jetzt zu seiner eigenen Überraschung bei Hofe eingeladen, vom Kronprinzen zu Tische gebeten, bei Bismarck aber recht eigentlich der Berater in der elsässischen Verfassungsfrage.

Möller erfährt nichts von all den hochwichtigen und entscheidenden Verhandlungen, in denen Bismarck den Plan mit Schneegans bespricht. Jetzt aber stellt sich nun auch ein weiterer Grund heraus, der Schneegans bei seinen mißtrauischen Landsleuten wohl verdächtig gemacht hat. Schneegans rechnet, wie man gut verstehen kann, damit, in die zukünftige Regierung mit hoher Stellung einzutreten. Bismarck läßt ihn in dieser Hoffnung, wenn er ihm gelegentlich sagt, man brauche ja kein Beamter zu sein, um ein guter Unterstaatssekretär oder Bezirkspräsident zu werden. Er denke zwei Ministerstellen mit Elsaß-Lothringern zu besetzen. Als dann freilich beim Fortschreiten der Verhandlungen und kurz vor deren Abschluß Schneegans die Angelegenheit wieder in Erinnerung bringt, ist Bismarck schon zweifelhaft geworden. Er selbst, so sagt er ihm, sei zwar bereit, ihm die gewünschte Stellung zu übertragen. Ob aber seine elsässischen Freunde der gleichen Ansicht wären, sei ihm zweifelhaft. Das eine war aber Schneegans von vornherein klar: Mit Möller an leitender Stelle waren seine Hoffnungen aussichtslos. So führt er denn den Kampf mit dem gleichen Nachdruck wie bisher, jetzt nur offener und — da er an einflußreichsten Stellen sprechen kann — erfolgreicher weiter.

Zunächst hat er Gelegenheit, der Kaiserin seine Beschwerden vorzutragen. Mit den Worten: „Sagen Sie mir, was sie wünschen", fordert sie ihn zum Reden auf, und nachdem sie ihn lange Zeit angehört hat, schließt sie: „Geben sie die Hoffnung nicht auf, es muß und es wird besser werden." Dann wird er beim Kronprinzen zu Tische geladen. Sobald sich die Gelegenheit zu intimerer Aussprache bietet, fordert ihn der Kronprinz zum Reden auf: „Nun erzählen Sie mal, wie es geht, packen Sie aus." „Ich antwortete, es ginge schlecht bei uns. Wir müssen nicht nur gegen Andersdenkende unter unseren Landsleuten, sondern auch noch gegen diejenigen kämpfen, die, obwohl Altdeutsche, es lieber sehen, daß die dortige Verwaltung in diktatorischer Weise geführt werde, und die in geschlossenen Reihen für den Protestkandidaten gestimmt haben[1]) .... Es fehlt unserer Verwaltung an der nötigen Einheit, der Oberpräsident hat kein Prestige, jeder Kreisdirektor ist ein Pascha für sich." Als dann Stauffenberg, der der Unterredung beiwohnt, nochmals betont, daß altdeutsche Wähler durch Maueranschlag für den Protestkandidaten agitiert hätten, schließt der Kronprinz: „Das ist unerhört, das kann und darf nicht so bleiben. Wir sprechen uns wieder. Zählen sie auf mich." Stauffenberg sagt aber beim Herausgehen zu seinem elsässischen Freunde: „Diesmal, mein lieber Schneegans, war es nicht umsonst, darauf können Sie zählen." Er brauchte nichts weiter dazu zu setzen, Schneegans hatte ihn verstanden.

Am 23. Februar empfängt ihn dann Bismarck allein im Reichskanzlerpalais. Er eröffnet die Besprechung mit den Worten: „Es geht

[1]) Das ist eine völlig unhaltbare Unterstellung. Schneegans führt den Sinn seiner Worte in seinen Memoiren (S. 299) noch näher aus: Der Oberpräsident v. Möller mußte natürlich im Grund seines Herzens die Autonomisten den Protestlern vorziehen, aber andererseits konnte er nicht mehr wie die anderen sich verhehlen, daß der Eintritt autonomistischer Kandidaten in den Reichstag der elsässischen Verwaltung viel größere Unannehmlichkeiten bereiten würde als das Verbleiben der Protestler ... Dieses neue Element müßte natürlich für die Verwaltung außerordentlich störend sein." Dabei wußte Schneegans einerseits, daß die kleine Gruppe der altdeutschen Autonomistengegner von Möllers politischem und persönlichem altdeutschen Gegner, dem Journalisten Thiele, dessen Zeitung er unterdrückt hatte, geführt wurde, andererseits aber gibt er an anderer Stelle (S. 337) direkt zu, wie Möller den Sieg der Autonomisten gewünscht hatte. Die Freude über den Erfolg der Autonomisten tritt auch wiederholt in Möllers Briefen auf das Nachdrücklichste und Deutlichste hervor.

Sehr schlimm ist auch, daß Schneegans eine Begünstigung der Protestler durch die Verwaltung dadurch zu beweisen sucht, daß die Regierung in strenger Wahrung der Wahlfreiheit eine Protestlerversammlung in Mülhausen nicht unter Anwendung des Diktaturparagraphen unterdrückt habe. Das sagt der Liberale!

wohl recht schlecht im Elsaß?" „Ja, Durchlaucht", antwortete Schneegans, „recht schlecht." „So erzählen Sie mir ganz genau, wie es dort zugeht und genieren Sie sich gar nicht."[1]) Schneegans bringt nun vor, was er auf dem Herzen hat, und erzählt dabei auch, daß die Autonomisten, die Mitglieder des Landesausschusses und der Bezirkstage seien, bei gewissen Verwaltungsinstanzen viel weniger gelten als ihre Gegner, die Protestler und Ultramontanen, und daß, wenn letztere etwas begehrten, es immer sofort bewilligt werde, in der Meinung, daß man sie dadurch gewinnen könne. Es ist wieder die alte Praxis. Schneegans nennt den Oberpräsidenten nicht; daß ihn aber Bismarck so verstanden hat, wie er verstanden sein will, zeigt dessen Antwort: „Mit seinen Feinden regieren, das ist doch die schlimmste Politik". Und dann fährt er fort: „So viel kann ich sagen, daß der jetzige Oberpräsident nicht an der Spitze der Verwaltung bleibt. Der Oberpräsident hat über meinen Kopf hinweg direkte Berichte an S. M. den Kaiser geschickt. Das ist ein Vorgehen, das ich nicht dulden kann. Der Oberpräsident gehorcht mir nicht und führt meine Befehle nicht aus; den alten Herrn will ich nicht absetzen, aber — und hier macht Schneegans Punkte in seinem Berichte — so geht es nicht. Ich verstand, so setzt Schneegans hinzu, daß die Tage des Oberpräsidenten gezählt waren."

Dann kommt Bismarck mit seinen neuen Plänen. Das Kronprinzenland ist aufgegeben, von einer Personalunion ist keine Rede mehr. Ein Statthalter soll die landesherrlichen Rechte des Kaisers im Lande ausüben, ein Staatssekretär, drei Unterstaatssekretäre sollen ihm unterstellt werden. Noch vor 2 Jahren hatte die Norddeutsche Allgemeine Zeitung den Statthalter, wie er in Möllers Denkschrift zum ersten Male vorgeschlagen war, bekämpft und das Statthalterhöfchen lächerlich gemacht. Jetzt hat Bismarck den Gedanken selbst aufgenommen, nachdem auch er sich überzeugt hatte, daß sich das Land von Berlin aus nicht regieren ließ.

Schneegans muß nun seine autonomistischen Kollegen sofort telegraphisch nach Berlin berufen, und schon am 25. Februar werden sie vom Kanzler empfangen. Er verabredet mit ihnen, daß sie einen Verfassungsantrag an den Reichstag richten, und nachdem diesen Schneegans mit Stauffenberg, Forckenbeck und anderen besprochen hat, wird er sofort im Reichstage eingebracht: der Reichstag wolle beschließen, den Reichskanzler zu ersuchen, darauf hinzuwirken, daß Elsaß-Lothringen eine

---

[1]) Schneegans, Memoiren.

selbständige, im Lande befindliche Regierung erhalte. Auch in Straßburg waren die Mitglieder des Landesausschusses zusammengetreten, um die Berliner Aktion zu unterstützen. Auch hier wurde der entsprechende Antrag gestellt und angenommen. Der Colmarer Oberlandesgerichtsrat v. Puttkamer, der sich bisher Schneegans gegenüber reserviert und ablehnend verhalten hatte, erschien jetzt in den autonomistischen Kreisen und besprach mit Klein die Einzelheiten der neuen Verfassung. Bald wird auch schon der Name des Feldmarschalls von Manteuffel als zukünftiger Statthalter in Berlin genannt. Daneben taucht auch der des Großherzogs Friedrich von Baden auf, der bereits früher einmal von Goldenberg in Zabern in einem Toast als „König von Alemannien" gefeiert worden war. Nicht gerade erhebend mutet es an, daß ein deutscher Fürst, Prinz Hermann von Sachsen-Weimar, sich wie schon früher einmal, so auch jetzt wiederum an Schneegans wandte, um diesen um seine Fürsprache bei der Statthalterwahl zu bitten.

Wenn man nun auch in Straßburg Bismarcks Pläne günstig aufgenommen und unterstützt hat, gegen Schneegans ist doch im Kreise seiner eigenen autonomistischen Parteifreunde das Mißtrauen, das sich bereits bei Gelegenheit der Bezirkstagswahl in Bockenheim geäußert hatte, stark gestiegen. Man hat erkannt, daß Schneegans gleichzeitig gegen Möller gearbeitet und mit der Verfassungsänderung auch auf dessen Sturz gezielt hat. Davon aber wollen Klein, Köchlin, Zorn-Bulach und deren Freunde nichts wissen. Wir haben über diese Vorgänge im elsässischen Lager in Schneegans' eigenen Berichten eine sichere Quelle. Schon im Herbst 1878 berichtet er:

„Die Lage wurde für uns noch dadurch verschlimmert, daß die Pläne des Reichskanzlers, sowohl das Kronprinzen- als auch das einfache Statthalterprojekt, dem Straßburger Oberpräsidenten und den mit demselben in Berührung stehenden Kreisen nicht genehm war. Man sah voraus, daß die Person des Oberpräsidenten dabei in Gefahr kommen könnte. Mehrere Landesausschußmitglieder begannen sich unseren Besprechungen gegenüber kühl, ja beinahe ablehnend zu zeigen, seitdem diese Personalfrage aufgetreten war. Auf mich warfen sie natürlich ganz besonders das Odium dieser Pläne."

In Schneegans' Ausführungen ist zunächst ein auffallender Irrtum: vom Statthalterprojekt ist damals überhaupt noch nicht die Rede. Dann aber stellt er Möller als Gegner eines Planes hin, den dieser im Gegenteil durch seine Flugschrift unterstützt hatte und für den die Möller nahestehenden autonomistischen Kreise des Landtags — sicher im Einvernehmen mit dem Oberpräsidenten — eingetreten waren, bis der Kaiser dagegen Stellung nahm: das Kronprinzenprojekt. Nicht die angebliche Gegnerschaft gegen dieses Projekt, sondern die Erkenntnis, daß Schneegans gleichzeitig eine Auswirkung dahin erwartete, daß Möller beseitigt wurde, brachte die autonomistische Partei in Gegnerschaft zu ihrem Parteigenossen. Sie hielten im Gegensatz zu Schneegans fest zu Möller. „Die Freunde des Oberpräsidenten, die Beamten — so schreibt er im April 1879 — erblickten in mir einen Gegner, ja beinahe einen Feind. Namhafte Mitglieder des Landesausschusses, nähere Kollegen, frühere Freunde hielten sich von mir fern ... Ich erfuhr, daß man im Landesausschuß eine Petition an Bismarck oder an den Kaiser vorbereitete, um Möller die Statthalterschaft oder die erste Verwaltungsstelle unter einem etwaigen fürstlichen Statthalter zu übertragen ... Ich riet Klein gegenüber dringend davon ab; die Tage des Herrn v. Möller seien gezählt, wir hätten uns um Personalfragen nicht zu bekümmern. Wir müßten um die Verfassung kämpfen. Die Bewegung schien aber immer größer zu werden." Seinen Freunden war aber allmählich die geheime Nebenabsicht, die Schneegans verfolgte, zu klar geworden und er verrät uns selbst, wie sie ihn beurteilten: „Ich konnte mich des Gefühls nicht erwehren, sagt er, daß man mich in den dem Oberpräsidenten nahestehenden Kreisen[1]) beschuldigte, gegen denselben intriguiert zu haben."

Möller hat schweigend den Vorgängen zugesehen. Bitter hat es ihn gekränkt, daß er von keiner Seite zu den Verhandlungen über den Verfassungsentwurf zugezogen worden ist. Er hat in merkwürdiger Selbsttäuschung daran gedacht, daß ihm der Statthalterposten angeboten werden könnte, und tatsächlich hat ihn der Kaiser bei Bismarck in Vorschlag gebracht. Aber Möller hätte auch, wie er selbst berichtet,[2]) „trotz alles Mißbehagens die Stellung als Staatssekretär angenommen". Er mochte zu diesen Hoffnungen außer durch das kaiserliche Wohlwollen auch dadurch bestimmt sein, daß sich der Landesausschuß noch in letzter Stunde bemühte, ihn in der einen oder anderen Stellung dem Lande zu erhalten. Er sprach den Wunsch aus, „daß die ausgezeichneten Dienste des geliebten und verehrten Oberpräsidenten dem Lande in der neuen

---

[1]) Wie der Zusammenhang ergibt, sind das nicht etwa altdeutsche Beamte, sondern die altelsässischen Parteigenossen, insbesondere Köchlin, Schlumberger, Klein u. a.

[2]) Denkschrift.

Organisation erhalten werden möchten".[1]) Über den Sitzungsbericht kam freilich dieser Wunsch nicht hinaus.

Vielleicht hat Möller auch Kenntnis davon gehabt, daß sich schon am 15. April 1879 der Kronprinz Friedrich Wilhelm in einem von Wiesbaden an Manteuffel gerichteten Schreiben sehr warm für ihn eingesetzt hatte.

Der Brief, der erst vor kurzem bekannt geworden ist, bringt eine so treffende Beurteilung Möllers und zeigt eine so genaue Kenntnis der vorhandenen Strömungen, daß ich ihn im Wortlaut wiedergebe:

Er lautet[2]):

Mein lieber Feldmarschall!

Die Zeitungen bezeichnen Sie als den zum Statthalter Elsaß-Lothringens berufenen Kandidaten. Da mir sonst noch keine andere Mitteilung hierüber zukam, fühle ich mich Ihnen gegenüber noch völlig unbefangen und kann daher im Interesse jener Länder, deren Gedeihen und Wohl mir sehr am Herzen liegt, Ihnen ein Wort mit der Offenheit sagen, die Sie und ich einander gegenüber niemals scheuen, wenn wir ernste Fragen bereden.

Alles wird darauf ankommen, mit welchen Männern Sie sich umgeben, welche erprobte Beamte Sie in die wichtigen Stellen bringen, und da bisher noch kaum ein Eingeborener sich für die Verwaltung seines engeren Heimatlandes anwerben ließ, werden die preußischen und die aus den Bundesstaaten kommenden Elemente wohl noch längere Zeit das erforderliche Material stellen müssen.

Obenan steht meiner Erfahrung und Ansicht nach der gegenwärtige Oberpräsident von Möller unter denen, welche als altpreußisch geschult, es vorzüglich verstanden haben, die Bahn für eine zu erhoffende Annäherung der Reichslande an das Mutterland zu ebenen. Er ist ein Charakter, der einen klaren einsichtsvollen Blick sich in allen Lagen seines Lebens zu bewahren wußte, und in den Jahren seiner Thätigkeit in Elsaß-Lothringen sich große Anerkennung und Zuneigung zu erwerben verstand. Weil er aber ein selbständiger Mann ist, weil er, an Ort und Stelle wirkend, die Dinge kennen lernte und sie behandelte, wie sie sind, behagt er dem Berliner grünen Tisch durchaus nicht. Von diesem Gesichtspunkt wird er Ihnen dargestellt werden, ja, ich bin überzeugt, daß Ihnen als erste Maßregel Möllers Entfernung wie eine Art Pflicht nahegelegt werden wird, während man den Geheimen Rat Herzog, Unterstaatssekretär im Reichskanzler Amt für Elsaß-Lothringen, als den natürlichen Minister jener Lande an Möllers Stelle treten lassen will.

Es ist nun nicht meine Absicht, die Leistungsfähigkeit Herzogs in seinem gegenwärtigen Berufe herabzusetzen. Hervorheben muß ich aber, daß seine pedantische, streng bureaukratische Verwaltungsart, die stets aus den Berliner Bureaux Weisheit spendet, welche weder den wirklichen Bedürfnissen noch den absonderlichen Verhältnissen der Reichslande ent-

---

[1]) Denkschrift.

[2]) Mitgeteilt von Hans Kaiser, Zeitschr. für die Gesch. d. Oberrheins XXXIX: 302—303.

spricht, dazu geführt haben, ihm viele Feinde zu machen und ein weitverbreitetes und nicht unbegründetes Vorurteil gegen seine Person und Amtsführung hervorzurufen.

Ich bitte Sie daher dringend zu erwägen, ob es wohl gerathen ist, eine Personal Veränderung eintreten zu lassen, die einen vorzüglich bewährten Beamten entfernt und an seine Stelle eine Persönlichkeit setzt, welche die ohnehin großen Schwierigkeiten der Lage noch durch ein ihr fast allgemein entgegentretendes Mißtrauen vermehrt . . .

Ich bin mein lieber Feldmarschall Ihr wohlgeneigter

Friedrich Wilhelm, Krpz.

Der Brief läßt deutlich erkennen, daß der Kronprinz von der Gegnerschaft Bismarcks, wenn er auch den Kanzler nicht nennt, genaue Kenntnis hat. Irgendwelche Aussicht auf einen Erfolg war freilich, wie wir die Dinge heute sehen, von vornherein ausgeschlossen. Auch Manteuffels Persönlichkeit hätte es kaum ertragen, den Mann als Mitarbeiter zu sehen, der durch das Vertrauen das er im Lande genoß, das Hervortreten der eigenen Persönlichkeit vielleicht beschattet hätte.

Am 2. Juni ist der Gesetzentwurf im Reichstage eingebracht worden. „Von den Elsässern hat keiner ein Wort des Dankes oder der Anerkennung für Möller ausgesprochen“[1]), und am 4. Juli ist der Antrag Gesetz geworden. Am 29. desselben Monats erhält Möller ein von Kissingen datiertes Schreiben des Reichskanzlers folgenden Wortlauts:

Das Gesetz, betreffend die Verfassung und Verwaltung Elsaß-Lothringens vom 4. Juli d. Js. wird nach kaiserlicher Verordnung vom 23. Juli d. Js. am 1. Oktober d. Js. in Wirksamkeit treten. Mit diesem Zeitpunkt wird nach § 3 des Gesetzes das Oberpräsidium in Straßburg aufgelöst und es gehen die demselben übertragenen Funktionen auf das neu zu bildende Ministerium für Elsaß-Lothringen über. Das von Eurer Exzellenz bisher verwaltete Amt des Oberpräsidenten hört danach auf. Da ich darauf rechne, daß Eure Exzellenz Ihre Kraft dem Dienste des Reiches oder dem Preußischen Staatsdienst künftig noch zu widmen bereit sein werden, wenn eine geeignete Stellung sich bietet, so habe ich bei des Kaisers Majestät die Genehmigung nachgesucht, Sie unter Gewährung des gesetzlichen Wartegeldes in einstweiligen Ruhestand zu versetzen. Seine Majestät haben diese Genehmigung durch Allerhöchsten Erlaß vom 23. d. Mts. auszusprechen geruht. Indem ich Eure Exzellenz hiervon ergebenst in Kenntnis setze, bestimme ich, daß Sie mit dem 30. September d. Js. einstweilig in den Ruhestand treten. Das gesetzliche Wartegeld beträgt jährlich 9000 Mark. Dasselbe wird Eurer Exzellenz nach Maßgabe des § 27 des Reichsbeamtengesetzes vom 31. März 1873 (Gesetzblatt für Elsaß-Lothringen, S. 479) durch die Landeshauptkasse von Elsaß-Lothringen in Straßburg gezahlt werden.

Der Reichskanzler
gez.: v. Bismarck.

Möller antwortete am 22. September:

„Ew. Durchlaucht bitte ich auf Grund des Artikel III des Gesetzes vom 23. September 1873, meine Entlassung aus dem elsaß-lothringischen Landesdienst mit der gesetz-

---

[1]) Worte Möllers in der Denkschrift.

lichen Pension herbeizuführen. Die in dem Reskript vom 29. Juli hervorgehobene Möglichkeit des Wiedereintritts in einen Staatsdienst wird dadurch ebensowenig ausgeschlossen, wie durch die Versetzung in den einstweiligen Ruhestand. Ich bin geboren am 2. Juni 1814, als Kammergerichtsauskultator beim Land- und Stadtgericht zu Minden vereidet am 1. Mai 1835 und seitdem ununterbrochen im Staatsdienst geblieben."

v. Möller.

Der Kaiser hat ihm am 23. Juli „seine dankende Anerkennung für die Verdienste ausgesprochen, welche Sie sich durch die erste Organisation der Reichslande Elsaß-Lothringen und deren achtjährige Verwaltung erworben haben". Er verleiht ihm gleichzeitig das Großkreuz des Roten Adlerordens. Die Unterschrift lautet ohne jeden weiteren Zusatz: Wilhelm. Ungleich wärmer verabschiedet er aber den langjährigen treuen Staatsdiener in persönlicher Audienz Ende September. Mit Tränen in den Augen dankt er ihm und faßt dann den ganzen schweren Konflikt der letzten 4 Jahre in die wenigen Worte zusammen: „Ich wollte Sie zum Statthalter machen, aber Er hätte mir den Stuhl vor die Türe gesetzt".[1])

Möller hat sich am 30. September mit kurzen Worten vom Lande verabschiedet, gerade so, wie er bei seinem Amtsantritt nur wenig gesagt hatte; aber die kurzen Sätze kennzeichnen zur Genüge nochmals das ganze Wesen des Mannes und das, was er geleistet hat: „Ich hinterlasse dem Lande eine regelmäßige und auf allen Gebieten erfolgreiche Verwaltung, Ordnung und Gleichgewicht in den Finanzen bei Verminderung der Staatsabgaben und eine politische Vertretung, durch welche es auf dem rechten Wege sich weiter helfen kann. Ich scheide mit dem Bewußtsein, daß mein beständiges Streben, der Bevölkerung den ruhigen Übergang in die neuen Verhältnisse leicht zu machen, gute Früchte getragen hat. v. Möller.

Mit der neuen Verfassung ist Herzog Staatssekretär von Elsaß-Lothringen geworden. Schneegans hat nicht erreicht, was er erwartet hatte. Weder der neue Staatssekretär noch seine eigene Partei wollten ihn in der neuen Regierung haben. Herzog eröffnete ihm, daß die Bekleidung eines hohen Amtes durch ihn für den Augenblick nicht erwünscht erscheine. Die Regierung müsse sich vielmehr an Männer wenden, die nicht von vornherein einer leidenschaftlichen Bekämpfung ausgesetzt seien. Aber die Tore des Auswärtigen Amtes würden ihm offen sein. So hatte er schließlich die Wahl zwischen einer Stellung als

[1]) Mündliche Mitteilung Backs und Denkschrift.

Konsul in Italien oder derjenigen eines Ministerialrats ohne Ressort in Straßburg. Da er sich von der Heimat nicht trennen konnte, wählte er das letztere. „Ich war grausam enttäuscht, mein Herz blutete." Aber nur kurze Zeit hat er sich in Straßburg halten können. Dann ergreift er die rettende Hand, die ihm der Reichskanzler bietet, und wird Konsul in Messina.

Möller hat sich nach seinem Sturz wieder nach Cassel zurückgezogen und ist dort an einem Zuckerleiden, das ihn schon lange belästigte, durch die Aufregungen der letzten Zeit aber sicher verschlimmert worden war, am 2. November 1880 gestorben.

Anlagen.

Anlage 1.

Generalgouverneur v. Bismarck-Bohlen an den Reichskanzler.

Straßburg, den 10. April 1871.

Euer Durchlaucht erlaube ich mir Nachstehendes ganz ergebenst vorzutragen, wohl wissend, daß es eine Angelegenheit ist, über die Euer Durchlaucht erleuchtete Einsicht allein kompetent urteilen kann, aber auch durchdrungen von der Pflicht, die der zeitige Landeschef hat, in einer so wichtigen Sache, wie die künftige Organisation des Landes, nicht zu schweigen, wenn das Interesse dieses Landes es ihm gebietet.

Nach den mir gewordenen Mitteilungen soll es in der Absicht liegen, drei Regierungen aus dem neuen Reichslande Elsaß-Lothringen zu bilden, die ihre administrative Spitze ohne Zwischeninstanz in Berlin haben, und zwar so, daß Lothringen direkt, der Elsaß aber mit einer gewissen Präponderanz der Straßburger über die Colmarer Regierung unterstellt werden soll.

So sehr ich nun auch diesen Gedanken im allgemeinen als richtig und praktisch begrüße und darin die Konsequenz der hier mit großer Befriedigung aufgenommenen Reichslandsqualität erkenne, so glaube ich doch, nach den hier gemachten Erfahrungen und in Ansehung der hiesigen Verhältnisse, darauf hinweisen zu müssen, daß eine Zwischeninstanz zwischen Regierungen und Reichskanzler sehr nützlich, ja fast notwendig werden dürfte.

Je mehr das Land unter den Schäden einer korrumpierenden Präfektenherrschaft gelitten hat und die diktatorische Gewalt entfernter und vielfach nur in Parteizwecken wirkender Minister hat kennen gelernt, je mehr wird es eine unmittelbare, einheitliche, zugängliche und wohlwollende Regierung schätzen lernen, die, sich in direktem Kontakt mit den Regierten haltend, eine Menge unvermeidlicher Anfragen und Aufklärungen sofort geben und entscheiden kann, welche die Neugestaltung hiesiger Verhältnisse nach sich ziehen müssen, und die dann auch dem hier sehr ausgebildeten Parteigetriebe, sowohl auf politischen und sozialen, als auch auf religiösen Gebieten, einheitlich entgegentreten kann.

Es ist hier nämlich eine, durch die Stellung des Elsaß zu Frankreich und durch die Eigenthümlichkeit der französischen Herrschaft begünstigte Richtung unverkennbar und tief eingewurzelt: durch persönlichen Einfluß, durch Connexionen und durch Intriguen das zu erreichen, was man auf geordnetem Wege bei den Behörden und Machthabern nicht durchsetzen kann. Was man bei den Präfekten nicht erreichen konnte, suchte man durch Abgeordnete, durch einen Kammerherrn oder durch einen Aumonier der Kaiserin auf Hintertreppen durchzusetzen. Darin ist man hier sehr gewitzigt und wird unbedingt diese Mittel und Wege auch gegen die neue Regierung wieder in Aktion setzen und zwar mit um so mehr Chance, je entfernter der Schwerpunkt der Regierung liegt. — Ein Mittel hiergegen erscheint mir eine einheitliche, zugängliche und feste Regierung im Lande selber zu sein, die ihre Spitze in Berlin und ihre Direktiven vom Reichskanzler erhält, die ihm aber Regierungsdetails abhält und Verantwortlichkeiten auf die eigenen Schultern nimmt.

Ein zweiter Grund, weswegen ich die einheitliche Landesregierung hier im Lande für nötig halte, ist der, daß sie am richtigsten und unmittelbarsten anknüpfen kann an die Landeseigenthümlichkeiten, an den Partikularismus, der entschieden vorhanden ist und den man möglichst stärken muß, weil dies das sicherste Mittel sein wird, um das neue Reichsland dem französischen Einfluß dauernd zu entziehen, die welschen Reminiszenzen zu verwischen und deutsches Wesen und Sympathien hier zu erwecken und zu stärken.

Die Elsässer sind trotz des langen französischen Regiments Elsässer geblieben, zumal das Landvolk; in den Städten herrscht zwar unter den höheren Ständen französisches Wesen vor, doch gibt es auch dort noch, z. B. in Straßburg und in Mülhausen, einen deutschen Kern in den alten Patriziergeschlechtern, die deutsches Wesen und alte reichsstädtische Reminiszenzen sich erhalten haben, und die, wenn auch stille, die neue Ära mit Sympathien begrüßen.

Französisches Wesen ist zwar überall eingedrungen, es hat aber diesen zähen deutschen Stamm nicht assimiliert; es ist dem Lack zu vergleichen, der verschieden aufgetragen, da abspringt, wo das Eisen erwärmt wird; wenn der Patriotismus und das Gefühl der Zusammengehörigkeit mit dem großen Mutterlande wieder erwacht, so wird das welsche Wesen bald verschwinden, und noch vor kurzem sagte mir ein hochgestellter alter französischer Beamter: „En vingt ans le pays sera allemand."

Diese elsässische Landeseigenthümlichkeit war den Franzosen wohl bekannt und wurde grundsätzlich niedergehalten, wozu die Departementalverfassung, die direkte Verbindung mit Paris und die Versetzung zahlreicher französischer Beamten in den Elsaß und die Verwendung der Elsässer in Frankreich das sicherste Mittel bot.

Aber auch in Lothringen ist noch ein gewisses provinziales Selbstgefühl unverkennbar, zumal unter dem alten ansässigen Adel, woraus sich ein unleugbares Entgegenkommen gegen die deutsche Verwaltung zum Teil erklärt. Die politischen Verhältnisse in Frankreich kommen uns freilich auch dort sehr zu gut.

An diesen provinziellen Partikularismus müssen wir anknüpfen, ihn möglichst zu entwickeln suchen und das neue Reichsland erst in sich zu verschmelzen streben, was nur durch eine einheitliche Regierung im Lande selbst zu bewirken sein wird.

Meine unmaßgebliche Ansicht würde die sein: für Elsaß und Lothringen einen kaiserlichen Kommissar (Zivilgouverneur oder Oberpräsident) einzusetzen, dem die drei Regierungen direkt unterstellt sind, umgeben von seinen vortragenden Räthen, die gegeben sind in den schon vorhandenen Spitzen der Verwaltung (Justiz, Kirche und Schule, Forsten, Straßen- und Kanalbau, Bergwerk und Salinen, Gendarmerie, Polizei usw.).

Es müßte der kaiserliche Kommissar ein vornehmer, reicher Mann sein, von gewinnender, imponierender Persönlichkeit — was hier zu Lande von besonderer Wichtigkeit sein dürfte —, ein Protestant, ein Mann von administrativen Erfahrungen, aber kein geschulter Bureaukrat und endlich ein Mann, der, womöglich selbst Soldat gewesen, es versteht, sich mit unseren militärischen Behörden, mit denen er in enger Verbindung stehen muß, in gutem Einvernehmen zu halten. Wenn solch ein Mann zu finden [wäre] — mir schwebt dabei eine Persönlichkeit, wie der Oberpräsident Graf Eberhardt zu Stolberg-Wernigerode vor —, wenn derselbe dann direkt unter den von einigen elsässischen Räthen umgebenen Reichskanzler gestellt würde, in dessen Hand und oberster Leitung das neue

Reichsland bleiben muß, so glaube ich, daß Elsaß-Lothringen sich dabei wohl befinden und in kurzer Zeit eine Perle unseres großen deutschen Vaterlandes werden wird.

gez. v. Bismarck-Bohlen
Generalleutnant und Generalgouverneur.

An Seine Durchlaucht den Herrn Reichskanzler Fürsten Bismarck.

Anlage 2.

Möllers „Entwurf eines Gesetzes betreffend die Einrichtung der Civilverwaltung von Elsaß-Lothringen".

§ 1.

Die Civilverwaltung von Elsaß-Lothringen wird unter der Oberaufsicht des Reichskanzlers durch den Oberpräsidenten geführt, welcher seinen Amtssitz in Straßburg hat.

Derselbe übt die Befugnisse der Minister aus. Ausgenommen hiervon und der Leitung des Reichskanzlers unmittelbar unterstellt sind:

der Geschäftskreis des Justizministers,
das Bergwesen,
die Verwaltung der Zölle und Reichsverbrauchssteuern,
die Reichsverkehrsanstalten (Post, Telegraphen und Reichseisenbahnen).

Der Oberpräsident ist befugt, von den im Reichslande residierenden Behörden der vorbezeichneten Verwaltungszweige Auskunft zu verlangen und in dringenden Fällen an dieselben Verfügungen zu erlassen.

Ebenso steht ihm das Recht zu, die in Elsaß-Lothringen stehenden Truppen zu polizeilichen Zwecken zu requirieren.

Dem Oberpräsidenten können durch Kaiserliche Verfügung einzelne Geschäftszweige zur unmittelbaren eigenen Verwaltung übertragen werden.

Er regelt seine Vertretung für Behinderungsfälle mit Genehmigung des Reichskanzlers.

§ 2.

Dem Oberpräsidenten wird die nötige Anzahl von Räthen und Hülfsarbeitern beigegeben.

Er läßt die dazu geeigneten Geschäftszweige in Abtheilungen bearbeiten, welchen Direktoren vorstehen. Diese können Verfügungen des Oberpräsidenten in seinem Auftrage zeichnen.

Alle diese Beamten führen die Geschäfte nach den Anweisungen des Oberpräsidenten.

§ 3.

Zur Wahrnehmung der Verrichtungen des Staatsraths bilden die dem Oberpräsidenten beigegebenen Direktoren und Räthe ein Collegium unter dem Namen: Kaiserlicher Rath in Elsaß-Lothringen.

Der Oberpräsident führt den Vorsitz in demselben, ist aber befugt, sich vertreten zu lassen.

Der Vorsitzende hat im Falle der Stimmengleichheit die entscheidende Stimme.

Zur Entscheidung über Competenzconflikte treten dem Kaiserlichen Rath als außerordentliche Mitglieder mit vollem Stimmrecht so viel Richter oder Beamte der Staatsanwaltschaft hinzu, daß sie mindestens ein Drittel der Gesammtzahl der Stimmenden, den Vorsitzenden eingerechnet, ausmachen. Diese außerordentlichen Mitglieder und die Reihenfolge, in welcher sie zur Dienstleistung einzuberufen sind, werden für jedes Justizjahr vom ersten Präsidenten und dem General-Prokurator des Appelationsgerichts gemeinsam bestimmt.

Der Geschäftsgang bei dem Kaiserlichen Rath, die zur Fassung eines Beschlusses erforderliche Zahl von stimmführenden Mitgliedern, die etwa notwendig werdende Theilung in Abtheilungen, die Grundsätze über die Besetzung dieser Abtheilungen und über die Wahrnehmung der Verrichtungen der Staatsanwaltschaft, die Bedingungen der Zulassung zur Vertretung der Parteien, endlich der Tarif der Kosten werden vom Reichskanzler festgesetzt.

§ 4.

Das Departement Niederrhein mit dem dazugelegten Canton Schirmeck-Saales erhält den Namen Bezirk Unterelsaß, das Departement Oberrhein den Namen Bezirk Oberelsaß, das Departement der Mosel mit den dazugelegten Arrondissements Salzburg (Château-Salins) und Saarburg den Namen Bezirk Deutsch-Lothringen.

Durch Kaiserliche Verfügung können die Bezirke verändert oder vereinigt werden.

§ 5.

An der Spitze der Verwaltung jedes Bezirks steht ein Bezirkspräsident. Derselbe übt die Befugnisse des Präfekten aus.

Dem Bezirkspräsidenten wird die nöthige Anzahl von Räthen und Hilfsarbeitern beigegeben, welche die Geschäfte nach seinen Anweisungen führen.

Unter seiner Leitung führt ein Steuer-Direktor die Verwaltung der direkten Steuern und ein Ober-Forstmeister die Verwaltung des Bezirksforstwesens. Diese Beamten, sowie die Stellvertreter derselben sind befugt, im Falle der Meinungsverschiedenheit über Angelegenheiten ihres Ressorts die Entscheidung des Oberpräsidenten einzuholen. Dem Bezirkspräsidenten bleibt alsdann überlassen, zu bestimmen, was in der Zwischenzeit geschehen soll.

Das Amt des Generalsekretärs geht ein.

Der Bezirkspräsident regelt seine Vertretung für Behinderungsfälle mit Genehmigung des Oberpräsidenten.

§ 6.

Zur Wahrnehmung der Verrichtungen des Präfekturraths wird aus den dem Bezirkspräsidenten beigegebenen Räthen einschließlich des Steuerdirektors und Oberforstmeisters ein Collegium unter dem Namen Bezirksrath gebildet.

Der Bezirkspräsident führt den Vorsitz in demselben, ist aber befugt, sich vertreten zu lassen.

Der Vorsitzende hat im Falle der Stimmengleichheit die entscheidende Stimme.

Die Zusammensetzung der Bezirksräthe, der Geschäftsumfang bei denselben, die etwa nothwendig werdende Theilung in Abtheilungen, die Grundsätze über die Besetzung dieser Abtheilungen und die Wahrnehmung der Verrichtungen der Staatsanwaltschaft, die Fristen und Formen für die Einlegung des Rekurses gegen ergangene Entscheidungen, endlich der Tarif der Kosten werden vom Oberpräsidenten festgesetzt.

§ 7.

Die gegenwärtig bestehende Eintheilung der Bezirke in Kreise wird beibehalten. Die Kreise treten an die Stelle der Arrondissements.

Durch Kaiserliche Verfügung können die Kreise verändert und vereinigt und neue Kreise errichtet werden.

Die Veränderung und Vereinigung der Cantone und die Errichtung neuer Cantone steht dem Reichskanzler zu.

§ 8.

An der Spitze der Verwaltung jedes Landkreises steht ein Kreisdirektor. Die Stadtkreise bleiben dem Bezirkspräsidenten direkt unterstellt.

Die Kreisdirektoren üben die Befugnisse des Unter-Präfekten aus. Die weitere Regulierung ihrer Competenz durch Übertragung von Befugnissen, welche das gegenwärtige Gesetz zunächst den Bezirksbehörden zuweist, erfolgt durch den Oberpräsidenten.

§ 9.

In der Unterrichtsverwaltung übt der Oberpräsident außer den Befugnissen des Ministers zugleich die aller oberen Verwaltungs- und Aufsichtsorgane bis einschließlich der Akademierektoren und Akademieräte (conseils académiques) aus. Von den Befugnissen der Akademieinspektoren und Departementalräten gehen die das höhere Schulwesen betreffenden ebenfalls auf den Oberpräsidenten, die das niedere Schulwesen betreffenden auf die Bezirkspräsidenten über.

Die weiter erforderlichen Abänderungen in der Organisation der Unterrichtsverwaltung, namentlich die Herstellung der nötigen Organe für wirksam die öffentlichen und Privatschulen (écoles libres) gleichmäßig umfassende Aufsicht und für Prüfung der Lehrer und Schüler ergehen durch Verfügung des Reichskanzlers.

§ 10.

Die Organisation der Bauverwaltung erfolgt durch den Reichskanzler.

Die Verwaltung und Leitung des Gemeinde-Bauwesens kann mit der des Landes- und Bezirks-Bauwesens verbunden werden.

§ 11.

Die mit Erhebung und Verwaltung der Zölle und Reichs-Verbrauchssteuern betraute Direktiv-Behörde erhebt und verwaltet gleichzeitig die Landes-Verbrauchs- und sonstigen indirekten Steuern.

§ 12.

Die Enregistrements-, Domänen- und Stempel-Verwaltung wird von einem Enregistrements-Direktor geführt, welcher außer den Befugnissen des General-Direktors die der Departemental-Direktoren des Enregistrements, der Domänen und des Stempels ausübt.

Demselben wird das nöthige Hülfspersonal beigegeben.

Er ist der nächste Vorgesetzte der Enregistrements-Beamten und Hypothekenbewahrer.

§ 13.

Die Bezirkspräsidenten, bzw. die Steuerdirektoren üben die Befugnisse der Departemental-Direktoren der direkten Steuern aus.

Sie sind die nächsten Vorgesetzten der Bezirks-Hauptkassen und Steuer-Empfänger.

§ 14.

In der Forstverwaltung übt der Oberpräsident außer den Befugnissen des Ministers die des General-Forstdirektors aus.

Die Bezirkspräsidenten, bzw. die Oberforstmeister haben in den ihnen zuzuweisenden Bezirken, welche nicht mit denen der allgemeinen Verwaltung zusammenzufallen brauchen, die Leitung und Beaufsichtigung des gesamten Forstwesens.

Unter ihnen stehen die Oberförster als verantwortliche Verwalter der Staats- bzw. Gemeinde- und Institutenforsten ihrer Bezirke.

Der Geschäftskreis und die Bezirke der einzelnen Forstbehörden werden durch den Reichskanzler bestimmt.

Derselbe ist ermächtigt, bezüglich der Verwaltung und Nutzbarmachung der zum Domanialbesitz gehörenden Forsten die Vorschriften der französischen Gesetze und Verordnungen abzuändern.

§ 15.

Durch Kaiserliche Verfügung können Befugnisse, welche in den französischen Gesetzen dem Staatsoberhaupt vorbehalten sind, den Zentral- oder Bezirksbehörden, Befugnisse, welche den Central-Behörden vorbehalten sind, den Bezirks-Behörden übertragen werden.

§ 16.

Am Hauptort jedes Bezirks besteht eine Bezirks-Hauptkasse und verbunden mit der Bezirks-Hauptkasse eine General-Kasse zu Straßburg und eine General-Kasse für Elsaß-Lothringen.

In den Bezirks-Hauptkassen fließen sämtliche Einnahmen des Landes und der Bezirke und die an die Generalschatzmeister (trésoriers généraux) abzuliefernden Überschüsse der Gemeinden und Corporationen zusammen.

Sie leisten und verrechnen sämtliche Zahlungen der Bezirke und diejenigen des Landes, der Gemeinden und Corporationen, deren Anweisung den Bezirkspräsidenten gesetzlich zusteht oder übertragen wird.

Die Überschüsse der Bezirks-Hauptkassen werden in der Generalkasse für Elsaß-Lothringen gesammelt, welche ihre Zahlungen auf Anweisung des Oberpräsidenten leistet und dieselben verrechnet.

Der Geschäftsgang der Kassen wird vom Reichskanzler geregelt.

§ 17.

Alle Einnahmen und Ausgaben des Landes und der Bezirke werden für jedes Jahr im voraus veranschlagt und in einem Hauptetat zusammengefaßt, dessen Feststellung im Wege der Gesetzgebung erfolgt.

Dem Hauptetat werden die Etats der einzelnen Verwaltungen zu Grunde gelegt, welche durch Feststellung des ersteren gleichfalls ihre Feststellung empfangen.

§ 18.

Die Rechnungen der dem Oberpräsidenten unterstellten Verwaltungen, sowie der Justiz- und Bergverwaltung werden in erster Reihe von den diesen Verwaltungen vorgesetzten Behörden geprüft. Dieselben sorgen für Beseitigung der hierbei befundenen Mängel.

In zweiter Reihe unterliegen sämtliche Rechnungen des Landes und der Bezirke der Prüfung der Rechnungskammer.

Diese besteht aus einem Direktor und zwei Räthen nebst den nötigen Hilfsarbeitern.

Die Rechnungskammer rügt nur die Verstöße gegen die rechnungsmäßige Ordnung der ihr vorgelegten Rechnungen. Bemerkungen über unrichtige Verwendungen der Fonds und über Mängel des Etats und Kassenwesens theilt sie durch Vermittlung des Oberpräsidenten dem Reichskanzler mit.

Der Geschäftsgang der Rechnungskammer wird vom Reichskanzler geregelt.

Die Rechnungen sämtlicher Empfänger von Gemeinde- und Corporationsgeldern werden von den Bezirksräten in letzter Instanz geprüft und festgestellt. Gegen die Entscheidungen derselben findet der Rekurs an den Kaiserlichen Rath in denselben Fällen statt, in welchen er nach den bisherigen Gesetzen gegen die Entscheidungen des Rechnungshofes an den Staatsrath gegangen ist.

§ 19.

Die höheren Beamten bis einschließlich der Räthe werden durch den Kaiser, die Oberförster, Vorsteher der Bezirkshauptkassen, Katasterinspektoren, Enregistrementsinspektoren und Hypothekenbewahrer durch den Reichskanzler ernannt.

Hilfsbeamte des höheren Verwaltungsdienstes werden vom Oberpräsidenten berufen.

Der Reichskanzler regelt die Ausbildung und Prüfung oder die sonstigen Bedingungen der Anstellungsfähigkeit für Kassenbeamte, Empfänger, Forstschutzbeamte, Subaltern- und Unterbeamte.

Die bei dem Oberpräsidenten fungierenden Subaltern- und Unterbeamten werden durch diesen selbst, die übrigen Beamten der aufgeführten Klassen je nach dem Dienstzweig, zu welchem sie gehören, durch die Direktiv-Behörde für die Verwaltung der Zölle und indirekten Steuern oder den Enregistrements-Direktor oder die Bezirkspräsidenten angestellt.

§ 20.

Die zurzeit bestehenden Behörden bleiben bis zur Einsetzung der neuen Behörden in ihrer Wirksamkeit.

Der Tag der Aufhebung jeder eingehenden Verwaltungsstelle und der Einsetzung jeder neuen wird durch den Oberpräsidenten bekannt gemacht.

§ 21.

Wenn die Notwendigkeit eintritt, Handlungen vornehmen oder Befugnisse ausüben zu lassen, welche durch die französischen Gesetze nicht mehr existierenden Behörden, Vertretungskörpern und Commissionen zugewiesen und noch nicht durch die Reichsgesetzgebung auf andere Stellen übertragen sind, so trifft der Oberpräsident provisorisch die zum Ersatz derselben erforderlichen Einrichtungen.

Anlage 3.

Bismarck an Möller.

Varzin, den 24. Oktober 1872.

Hat von einem deutschgesinnten Elsässer Wahrnehmungen über die Optionsangelegenheit erhalten. Obwohl nicht imstande, in Einzelheiten der Verwaltung einzugehen, schickt er dieses Schriftstück, da er in demselben Bestätigung seiner Eindrücke erkennt, Möller zur Kenntnis mit der Bitte um vertrauliche Äußerung seiner Ansichten. „Ich glaube, daß eine so ausgedehnte Demonstration, durch welche die französische Partei im Reichslande sich eine öffentlich anerkannte Organisation und eine leicht zu handhabende Verbindung untereinander und mit der französischen Regierung gegeben hat, weder zu ignorieren noch mit Milde zu behandeln ist, wenn nicht die militärische Sicherheit deutscher Lande gefährdet werden soll, um deren Willen wir das Land behalten haben. Ich bin für Milde gegenüber allen denen, die sich unterwerfen, namentlich auch in militärischen Aushebungsverhältnissen; offenem Widerstreben gegenüber macht aber Milde in französisch gewöhnten Gemüthern noch mehr als bei uns den verderblichen Eindruck der Schwäche. Frankreich hat den Halt, den es unbestreitbar in der Gesinnung der Bevölkerung besitzt, durch ganz andere Mittel gewonnen und bei den auf solche Weise verwelschten Elementen ist auf Vernunft und Dankbarkeit nicht zu rechnen. Ich bin der Ansicht, daß die Optanten die Rechte ihrer deutschen Nationalität uns gegenüber verwirkt haben, soweit wir sie ihnen nicht wieder verleihen. Daß wir berechtigt sind, sie als Ausländer zu behandeln, und daß es nicht rathsam ist, sie unbehelligt zu lassen, ihnen namentlich das Wahlrecht in den Kommunalverbänden zuzugestehen. Jedenfalls bin ich dafür, daß die Rädelsführer, wenn Sie dieselben nicht als Franzosen behandeln wollen, kraft der Ihnen zustehenden diskretionären Gewalt ausgewiesen werden und daß gegen alle, welche eine politische Verbindung mit Frankreich, mit französischen Behörden oder Komitees affichieren, mit Hochverrathsprozeß vorgegangen wird, soweit es gesetzlich thunlich ist. Wir müssen die feindliche Organisation stören und gleichzeitig dahin wirken, daß mehrere als bisher dem Beispiel derjenigen folgen, welche ihre Option zurückgenommen haben. Sollte aber auch diese Wirkung nicht eintreten, sollte auch eine Massenauswanderung erfolgen, so würde ich eine solche, wie ich wiederholt gegen das Reichskanzleramt ausgesprochen habe, für nützlich halten und für schädlich, daß wir den Gärstoff im Lande konservieren. Ich erlaube mir, darauf aufmerksam zu machen, daß die Bestimmungen des Code civil, Art. 10: Tout enfant né d'un Français en pays étranger est Français Anhalt zu der Prätention geben könnte, daß alle Abkömmlinge der Optanten in Frankreich als französische Bürger angesehen werden.

Auch die Ausweisung der Deutschen aus Frankreich, von der in der Anlage die Rede ist, schreckt mich nicht. Wer das Vaterland verläßt, nicht zur Betreibung vorübergehender Geschäfte, sondern um dauernd seinen Aufenthalt im Ausland zu nehmen, hat kein unbedingtes Recht auf Schutz; ob ihm derselbe zu gewähren, ist eine Frage der Politik, und meine in Rußland gewonnene Anschauung, daß es nicht nützlich ist, in fremden Ländern ein Kolonat zu unterhalten, welches den deutschen Schutz beansprucht, ohne Pflichten gegen Deutschland zu erfüllen, ist durch das Verhalten der in Frankreich domizilierten Deutschen befestigt worden. Die militärische Sicherheit der deutschen Grenze in dem nächsten und vielleicht nahen französischen Kriege ist jedenfalls wichtiger als die Beschützung der freiwillig Expatriierten".

Nach einer Notiz der Indépendance Alsacienne, Nr. 354 der Speyerschen Zeitung, hat der Polizeikommissar in Belfort von einem zureisenden Mülhauser Vorlegung des Optionsscheins oder eines Passes verlangt. Ersucht um Untersuchung und Eingabe über den Befund; „wenn sich die Sache in der Tat so verhält, werde ich den Graf Arnim anweisen, Beschwerde zu führen und die Bestrafung des Polizeikommissars zu verlangen. Wird die Untersuchung verweigert, so werden wir zu Repressalien an der französischen Grenze schreiten müssen, welche bis zur strengen Erschwerung jeden Verkehrs gehen müssen. Ich halte mich nach wie vor von jeder Einmischung in die Gesamtverwaltung E. E. fern, aber meine Verantwortlichkeit für das Gesamtresultat und die militärisch-politische Sicherheit der Grenzländer legt mir die Pflicht auf, E. E. von meinen Eindrücken Rechenschaft zu geben und eine warnende Stimme gegen zu milde Behandlung der offenen und geheimen konspiratorischen Beziehungen zu Frankreich zu erheben. Wir können jedes Sympton der Abneigung gegen die neue Herrschaft mit schonender und nachsichtiger Geduld behandeln, wenn wir gleichzeitig hart und unnachsichtlich gegen jede Regung einschreiten, welche in Handlung, Wort und Demonstration die Verbindung mit Frankreich zu pflegen bemüht ist. In dieser Beziehung wird mein politischer Instinkt durch das, was bisher geschehen, beunruhigt". Bittet um vertrauliche Äußerung.

gez.: v. Bismarck.

Geantwortet:

Die Optionsdemonstration hätten wir uns selbst bereitet durch die unzweckmäßige Form der Option, wie die Diplomaten sie festgesetzt hätten. Die Franzosen hätten daraus ein Plebiszit gegen die Annexion machen wollen. Demgegenüber könnten wir mit dem Resultat zufrieden sein, indem nur $^1/_{10}$ der Bevölkerung Optionserklärung für Frankreich abgegeben hätte. Die Elsässer seien übrigens keine Verschwörer und auch keine Franzosen, sondern von Fleisch und Blut ehrliche Deutsche, die auf deutsche Art behandelt werden können. Gerade als Deutsche wendeten sie sich nicht so leicht um. Mit Geduld und Wohlwollen würde man ihnen die welsche Tünche bald abstreifen können. Er könne sich darauf verlassen, daß mir nichts entginge und daß ich überall die den Verhältnissen gemäßen Mittel anwenden würde. Übrigens wollte ich nichts dagegen haben, daß den nicht ausgewanderten Optanten durch das Wahlgesetz ein Denkzettel erteilt werde.

Anlage 4.

Möller an Delbrück.

Straßburg, den 2. Juli 1872.

Verehrter Freund!

Noch einmal will ich es versuchen, in Friede und Freundschaft zum Ziele zu kommen. Sie haben mir auf meinen letzten Brief, worin ich Ihnen einige Klagen über rücksichtslose Geschäftsbehandlung des Reichskanzleramtes mitteilte, nicht geantwortet und ebensowenig sind die bezüglichen Geschäftsangelegenheiten erledigt. Ich kann mir das nicht länger gefallen lassen und erlaube mir, Sie zu avertieren, daß sich durch eine solche Behandlung meiner Stellung gespannte Situationen vorbereiten, welche nur mit Biegen oder Brechen enden können. Die neulich zur Sprache gebrachten Gegenstände (Mitwirkung in Eisenbahnsachen und Schulaufsichtsgesetz) sind nicht die einzigen, über deren Behandlung oder Nichtbehandlung ich mich zu beklagen habe, sondern ich könnte viele Dinge hervorheben, in welchen zum Schaden für die Sachen und in Nichtbeachtung der mir im Interesse des

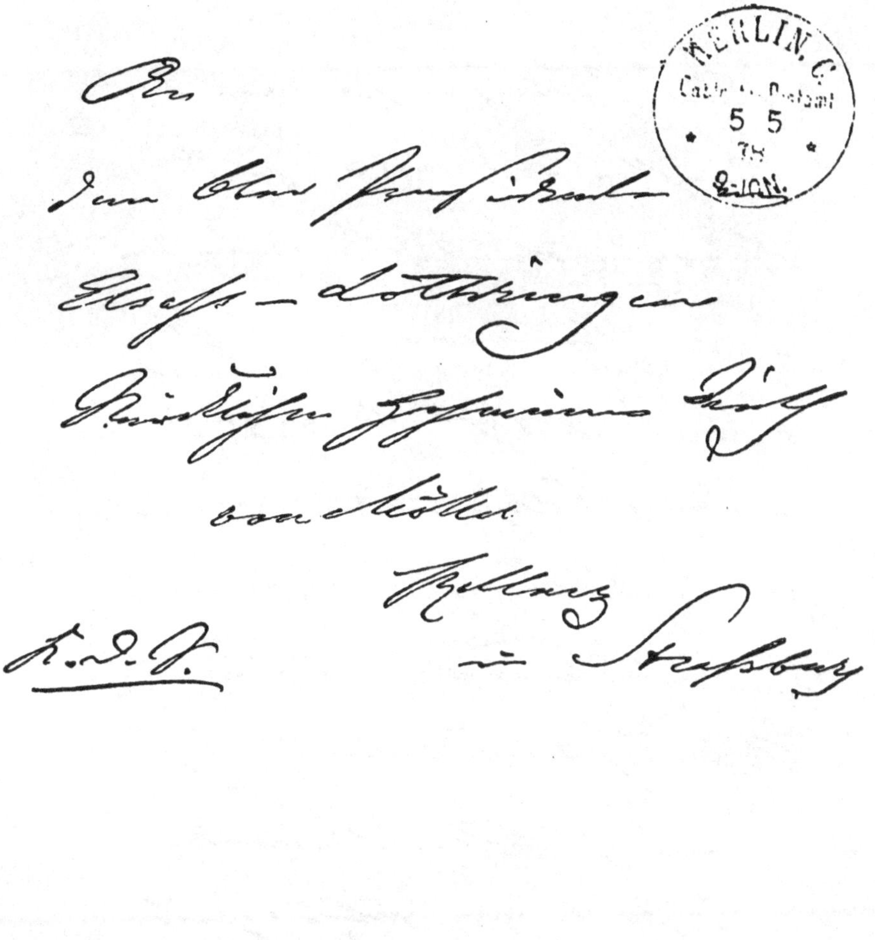

Eigenhändiger Briefumschlag Kaiser Wilhelms I. an den Oberpräsidenten Eduard v. Möller.

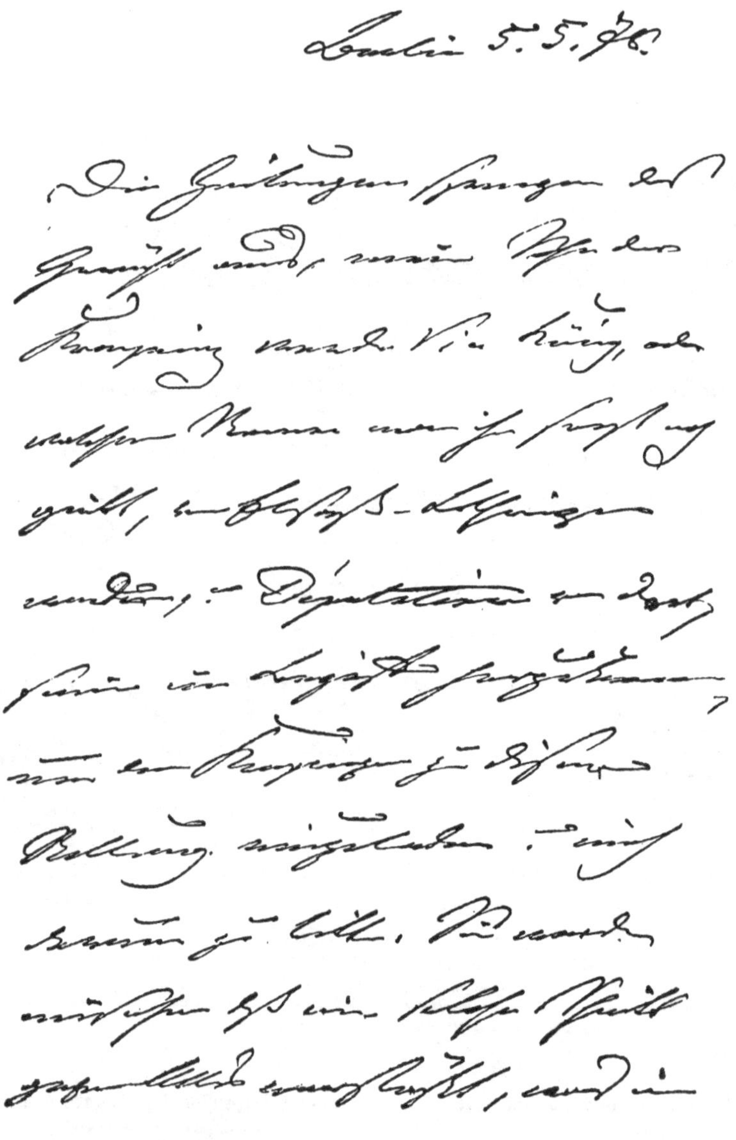

Berlin 5. 5. 78.

Eigenhändiger Brief Kaiser Wilhelms I.

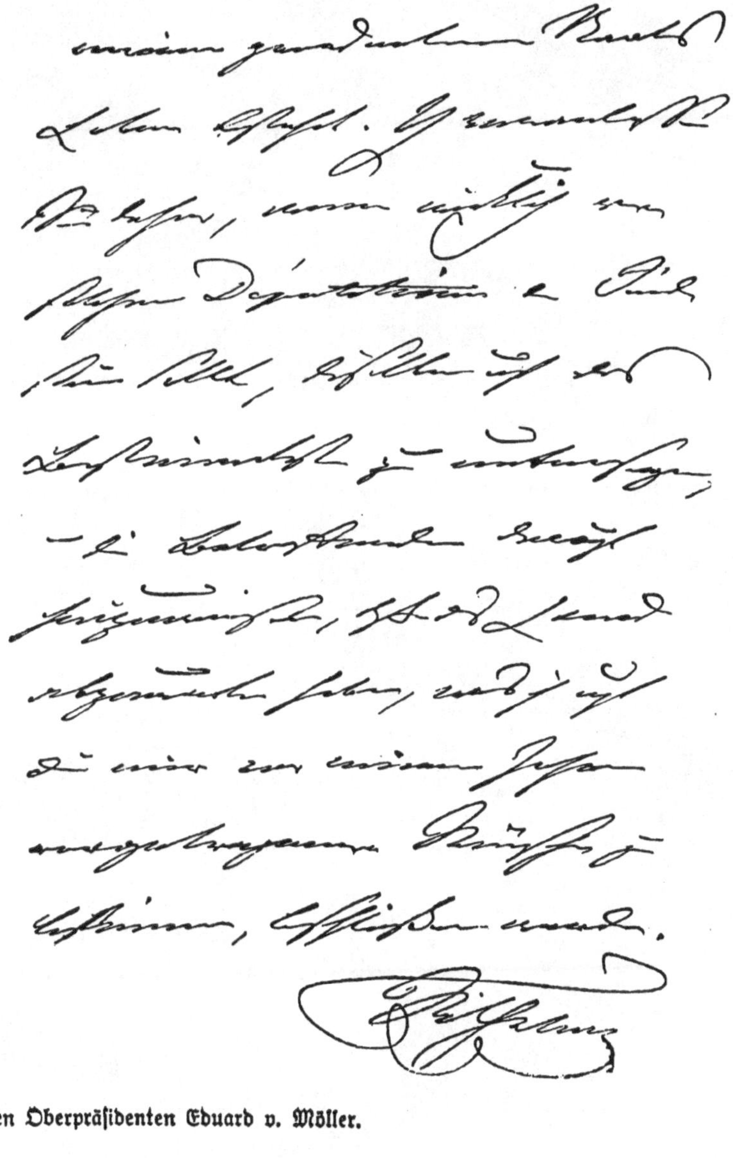

an den Oberpräsidenten Eduard v. Möller.

Landes und der Reichsregierung zukommenden Stellung über mich hinweg beschlossen ist, ohne daß man auch nur eine Motivierung für nötig gehalten hat. In anderen Dingen sind meine Anträge einfach liegen geblieben. Ich weiß nicht, wie das alles zugeht, wohl aber, daß ich es nicht ferner hinnehmen kann. Ich bitte Sie deshalb in aller Freundschaft, Abhilfe zu schaffen und bleibe

Ihr aufrichtigst ergebener
gez.: v. Möller.

Anlage 5.

Bismarck an Möller.

Berlin, den 26. November 1875.

Eure Exzellenz werden durch eine nun mehrjährige Erfahrung die Überzeugung gewonnen haben, daß ich die Mitwirkung in der Ihnen übertragenen Leitung der Landesverwaltung mit äußerster Zurückhaltung übe; ich will eine an sich schwierige und verantwortliche Stellung nicht dadurch erschweren, daß ich die Freiheit der Aktion ohne zwingende Gründe beschränke. Ich will daher auch nicht sachlich entscheiden, ob die mittels Bericht vom 22. d. M. zur Anzeige gebrachte Unterdrückung des Wochenblattes „Das neue Straßburg" eine nothwendige Maßregel ist. Die Frage aber kann ich nicht unterdrücken, ob sie gerade jetzt und sofort notwendig war, zur Zeit, wo der Reichstag versammelt ist. Es ist zu gewärtigen, daß sie als Anlaß benutzt werden wird, nicht nur um die Angriffe auf die außerordentlichen Machtbefugnisse, welche § 10 des Verwaltungsorganisationsgesetzes dem Oberpräsidenten überweist, zu erneuern, sondern auch die ursächliche Verbindung, in welche die Unterdrückung des Blattes mit der persönlichen Haltung des Eigentümers gebracht werden kann, in unliebsamer Weise öffentlich von der Tribüne des Reichstages zu erörtern. Für den ersteren Angriff ist es günstig, daß der Gebrauch der Ausnahmebefugnisse des § 10, auf welchen die Unterdrückung des Blattes gestützt ist, außer Verhältnis zu der Bedeutung des Gegenstandes zu stehen scheint. Die außerordentliche Gewalt, welche der § 10 verleiht, findet in gewöhnlichen Zeitläufen ihre Rechtfertigung durch die exzeptionellen Gefahren, welche die prinzipielle politische Gegnerschaft der deutschfeindlichen Franzosen im Lande und des reichsfeindlichen Klerus dem Frieden und der Sicherheit bereiten. Ihre Anwendung aber gegen die Ungezogenheit oder Böswilligkeit eines jenen Gegnern nicht dienstbaren, einflußlosen Wochenblattes, die als ein Preßunfug *gewöhnlicher* Art sich qualifiziert, ist in der parlamentarischen Diskussion schwerer zu vertreten.

Da weder ich noch ein Beamter des Reichskanzleramtes, beim Mangel vollen Einblickes in die Verhältnisse des Blattes und seiner Tendenz, imstande sein würden, die Nothwendigkeit der Maßregel im Reichstage zu rechtfertigen, so würde es mir erwünscht sein, wenn Eure Exzellenz Ihre Stelle als Bevollmächtigter zum Bundesrath einnehmen und Ihren Aufenthalt hierselbst, welcher zunächst der Berathung der elsaß-lothringischen Etatsvorlage in der Kommission des Reichstags gelten wird, so einrichten wollten, daß Sie bei etwaiger Besprechung der Maßregel im Reichstag dieselbe persönlich vertreten können.

Der Reichskanzler
gez.: von Bismarck.

Druck von Metzger & Wittig in Leipzig.

FSC
www.fsc.org
MIX
Papier | Fördert gute Waldnutzung
FSC® C083411

Kolibri 360 GmbH
Ferdinand-Jühlke-Straße 7
99095 Erfurt, Deutschland
produktsicherheit@kolibri360.de